Michael Altinger

Rampensau ohne Bühne

MICHAEL ALTINGER

Rampensau ohne Bühne

SüdOst Verlag

Bibliografische Information der Deutschen Nationalbibliothek

Die Deutsche Nationalbibliothek verzeichnet diese Publikation in der Deutschen Nationalbibliografie; detaillierte bibliografische Daten sind im Internet über http://dnb.dnb.de abrufbar.
ISBN 978-3-95587-723-1

Titelfotos: Markus Beham und Christian Heim

1. Auflage 2020
ISBN 978-3-95587-723-1
Alle Rechte vorbehalten!
© 2020 SüdOst Verlag in der
Battenberg Gietl Verlag GmbH, Regenstauf
www.battenberg-gietl.de

Inhalt

Das erste Mal

Du bist noch jung, unerfahren und sehr erregt.

Jetzt ist es also so weit. Du willst nichts falsch machen.

Denn du weißt, dass du diesen Moment dein Leben lang nicht mehr vergessen wirst.

Dass du die Welt danach mit anderen Augen siehst.

Danach wirst du dich reifer fühlen, erwachsener oder einfach nur wie der allerletzte Depp.

Alles in dir bebt, du bist das Chaos

und du wünschst dir nichts mehr als jemanden,

der dir jetzt eine genaue Gebrauchsanweisung ins Ohr flüstert:

„Sooo, ganz ruhig. Schau sie dir erst mal an.

Lass dir Zeit. Red nicht zu viel … lass die Spannung wachsen.

Spüre, wie sich der Raum langsam auflädt …

gib nicht gleich alles auf einmal.

Lass sie den nächsten Schritt machen,

das schafft Vertrauen und du bekommst am Ende mehr,

als du dir vorstellen kannst."

Wenn mir das mal jemand gesagt hätte, als ich damals zum ersten Mal auf einer Bühne vor einem Publikum stand.

In meiner Stammdisco, im ersten Stock vom Tafernwirt.

Leider kam es ganz anders.

Irgendein cooler Typ mit langen Haaren,

Cowboystiefeln und Goldkette kam vor meinem Auftritt in meine Garderobe, legte seinen Arm um meine Schulter und meinte:

„Denk dir nix. Das wird super.

Der erste Auftritt ist wie der erste Sex."

Damit war ich einverstanden. Denn mein erster Sex war sehr in Ordnung. Sie wusste genau, was sie wollte.
Ich habe das dann gemacht. Und danach waren wir beide glücklich und einstimmig der Meinung, dass man die Aktion zeitnah wiederholen sollte.

Mit dieser Erinnerung und einer leichten Erregung in der Hose, ging ich also zum ersten Mal auf die Bühne. Aber schon nach wenigen Schritten wurde mir klar: „Sex ist anders."

Eigentlich saßen da nur Freunde und Bekannte vor mir.
Sehr viele Freunde und Bekannte.
Für einen ersten Auftritt könnte man sogar von einer beachtlichen Kulisse sprechen.
Ich schaute mir meine Freunde und Bekannten an
und ich wollte, verdammt nochmal, keinen Sex.
Ich wollte einfach nur heim, mir mit meinen Kumpels ein paar Filme aus der Videothek holen, Berge von Chips
und ein paar Weißbier. Drei Filme. Erst die zwei Spielfilme und wenn die Eltern im Haus schliefen, den Porno.
Das war ein ungeschriebenes Gesetz.
Es gab mir Halt im Leben und Satisfaktion.

Mein erster Auftritt dauerte ungefähr 45 Minuten
und ansonsten kann ich mich an nichts mehr erinnern.
Nur noch an einen großen Schlussapplaus.
Einen Schlussapplaus, wie man ihn eben von Freunden und Bekannten bekommt, die sich denken:
„Donnerwetter, den ganzen Text hat der vorher auswendig gelernt und ihn dann fast fehlerfrei aufgesagt. Respekt!"
Diese Anerkennung hat mir gereicht und sie hat tatsächlich mein Leben verändert. Es war „Das erste Mal".

Es hat mir eine Richtung gegeben für die nächsten 30 Jahre.
Jetzt bin ich fast 50 Jahre alt und wieder erlebe ich
ein „erstes Mal" und ich habe die leise Befürchtung:
auch diesmal wird es mir eine Richtung geben.

Bis vor Kurzem habe ich mir eingebildet,
endlich alle „ersten Male" erledigt zu haben.
Ich war überzeugt: Allem, was jetzt kommt, kann ich mit der
nötigen Lebenserfahrung und Gelassenheit begegnen.
Schließlich habe ich einen absolut krisensicheren Beruf.
Die Leute werden immer nach Unterhaltung suchen.
Sie werden immer lachen und staunen wollen
und mich gerne dafür bezahlen.

Wer hätte gedacht, dass diese Leute irgendwann nicht mehr zu mir
kommen dürfen oder in nur sehr geringer Zahl,
weil sie sonst sterben könnten?

Was mich tröstet: Für alle ist es gerade das „erste Mal".
Für die ganze Welt. Und wir alle haben niemanden,
der neben uns steht und uns eine genaue Gebrauchsanweisung
ins Ohr flüstert.
Der uns sagen kann, wie wir endlich wieder in unsere vertrauten
Sicherheiten zurückkommen.
Ich will gar nicht zurück in die vertrauten Sicherheiten.
Es dürfen gerne auch andere sein. Aber eben Sicherheiten.
Wenigstens ein bis zwei kleine Planungssicherheitchen
würden mir schon reichen.

Wir werden ungeduldig und sauer auf die schlauen Köpfe
im In- und Ausland. Sauer auf die feinen Berichterstatter,
auf die Selbstdarsteller, die bald Bundeskanzler werden wollen,
auf die Experten in ihren weißen Kitteln,

die das doch studiert haben und von uns bezahlt werden.
Überall nur Meinungen und Fakten,
die nach einer Woche schon wieder ganz anders aussehen.
Man möchte schreien:
„Wenn ich mein Auto in die Werkstatt bringe, dann wird das dort
repariert, ich bezahle dafür und dann passt das wieder!"
Was wir übersehen: Politiker, Virologen und Journalisten
sind keine Automechaniker.
Vielleicht hilft es uns, wenn wir uns einfach mal vorstellen,
wie ein ganz normaler Automechaniker in seiner Werkstatt zum
ersten Mal vor einem Flugtaxi steht, mit dem Auftrag:
„Reifen wechseln!"
Ich frage mich: „Wie wird sich die Welt verändern,
wenn sie sich nicht verändern will, aber muss?"

In verwirrten Zeiten habe ich mich immer gerne zurückgezogen
und einfach das getan, was ich am liebsten mache.
Die Realität beschreiben und sie dabei so verdrehen,
bis sie mir wieder richtig gut gefällt.
Ich weiß, da gibt es gerade viele Verantwortungsträger auf der
Welt, die genau das Gleiche tun.
Aber in meinem Fall bin ich mir sicher:
Ich werde am Ende was zum Lachen haben.

Michael Altinger, am 23.07.2020

Freitag, 27.03.

Mir reicht's!

Seit zwei Wochen habe ich nun keine Bühne mehr,
kein Publikum, kein Gelächter, keinen Applaus.
Ich befinde mich an der Grenze des Erträglichen.
Wer meine Sucht kennt, der versteht mich.
Wer schon einmal auf Zigaretten- oder Alkoholentzug war,
hat nur eine ungefähre Vorstellung von meiner seelischen und
körperlichen Not.
Meine Persönlichkeit beginnt sich dramatisch zu verändern.
Ich fange an, Markus Söder gut zu finden.
Letzte Woche hat er sich vor einem großen Stapel von Klopapier
fotografieren lassen und ich dachte mir tatsächlich:
„Jawohl, das ist mein Landesvater.
Er wird dafür sorgen, dass ich mich bald wieder sicher fühlen kann.
Zumindest auf dem Klo."

Es ist, als hätte sich die ganze Welt
in nur wenigen Tagen auf den Kopf gestellt.
Ich erinnere mich an meine erste Pointe
bei meinem letzten Auftritt:
„Schön, dass ich da bin. Ich komme gerade von einer Tournee
durch China und die Lombardei." Da haben die Leute gelacht.
Ich schwöre: Dieser Spruch kam vor zwei Wochen noch richtig gut
an. Würde ich heute den gleichen Text vor dem gleichen Publikum
sagen, dann müsste ich mich anschließend beruflich neu orientie-
ren oder auswandern.

Inzwischen lasse ich mich hin und wieder schon auf Video-Konferenzen ein. Abgesehen von der mangelnden Ton- und Bildqualität, nervt mich am meisten, dass ich es verdammt oft mit Leuten zu tun habe, die mich tapfer anlächeln und meinen,
dass auch in dieser Krise irgendwo eine Chance steckt.

Wenn dann noch der Zusatz folgt:
„Und ich erhole mich gerade so gut. Ich komme wieder mehr zu mir und mache jetzt auch wieder mehr Yoga."
Dann lächle ich zurück und gleichzeitig zerfetze ich unter meinem Schreibtisch meine Hose und meine Socken.
Ja, ich habe verdammt lange Arme, wenn es sein muss.

Ich erkenne auch schon die erste Gemeinsamkeit
von Bühnen- und Zigarettenentzug:
man wird verdammt schnell dicker.
Der Volksmund nennt das inzwischen „Coronawampe".
Meine Frau nennt es liebevoll „Pfusch am Bauch".
Wir haben einfach zu viel Zeit.
Und meine Frau verbringt diese Zeit mit „gut kochen"
und ich mit „gut essen". Und „gut trinken".
Das hat aber nichts damit zu tun,
dass wir uns plötzlich die edelsten Spezereien leisten könnten.
Im Gegenteil. Wir verwerten Restposten aus guten Zeiten, bevor das Zeug schlecht wird oder plötzlich Beine bekommt
und das Haus von selbst verlässt.

Ich vermisse also mein Publikum und ich werde dicker.
Manchmal legt meine Frau ihren Kopf zärtlich an meinen Bauch und meint: „Hör mal. Da klatscht doch jemand."
Das findet sie lustig. Und tatsächlich lachen wir dann beide.

Jeden Morgen wache ich auf, ziehe die Rollläden vor den Fenstern
nach oben, immer mit der Hoffnung:
Dahinter sitzen sie. Meine Leute.
Sie sitzen auf selbst mitgebrachten Klappstühlen und Bänken,
bei mir im Garten.
Es sind fröhliche Leute, ein ausgelassenes Open-Air-Publikum.
Auf der Straße um mein Haus parken bunt bemalte Kleinbusse und
auf den Nachbargrundstücken wurden Iglu-Zelte aufgeschlagen.
Es riecht nach Grill, Popcorn und Bier.

Die Entzugserscheinungen sind inzwischen so massiv,
dass ich heute schon vor dem Hochziehen der Rollläden gehört
habe, wie der ganze Garten brüllt:
„Wir woll'n die Show! Wir woll'n die Show!"
Ich stehe am Fenster und alles schreit und kreischt.
Sie springen auf und schmeißen die Klappstühle in meine Büsche
und ich denke: „Moment, ich bin kein Rockstar,
ich bin nur Kabarettist und Strunzenöd ist nicht der Nürburgring.
Aber es ist genau das, was ich jetzt brauche!"

Ich stehe also am Schlafzimmerfenster im ersten Stock,
in meinem karierten Flanell-Schlafanzug von Tchibo,
der das Aroma einer ganzen Nacht in sich trägt und ich sage:
„Hallo Leute, schön, dass ich da bin."
Das Publikum dreht durch. Die Security hat allerhand zu tun,
denn die ersten Fans versuchen, über die Absperrungen
an der Dachrinne zu mir ans Fenster zu klettern,
um sich einen Fetzen von meinem Schlafanzug zu ergattern.

Ich sage: „Hey Leute, lasst mich nur noch kurz Zähne putzen und
einen Kaffee trinken und ein bisschen mit dem Waschlappen unter
den Achseln … ich rieche, versteht ihr?"
Das Publikum antwortet: „Das macht nichts!

Wir akzeptieren dich so, wie du bist! Außerdem bist du weit genug von uns weg und der Wind steht günstig!"

Das rührt mich. Ich wische eine Träne von meiner Wange und beginne mit meinem Kabarettprogramm.
Die Leute kennen meine Texte scheinbar auswendig und sprechen laut mit. Einige tanzen sogar dazu.
Ich wusste nicht, dass das geht.
Links und rechts von meinem Fenster schießt Pyrotechnik in die Luft. Am frühen Morgen ist das völlig sinnlos und unsichtbar, aber es macht einen Höllenlärm und die Masse fällt restlos in Ekstase und beginnt, sich hemmungslos zu lieben.

Das finde ich jetzt doch sehr albern:
„Wer macht denn hier eigentlich die Show?
Ihr braucht mich ja gar nicht.
Könnt ihr nicht einfach ganz normal dasitzen,
zuhören und so reagieren, wie ich das von einem anständigen und gesitteten Kabarettpublikum kenne?
Ihr Assis! Scheiß bekiffte Spaßgesellschaft!
Das hat man jetzt also von Kurzarbeit und Zweischicht-Betrieb.
Die Leute haben zu viel Zeit und kacken mir in die Rabatten!"
Die Meute lacht und dann ruft sie rhythmisch:
„Rabatten kacken! Rabatten kacken!"
Es beginnt zu regnen und die bekiffte Spaßgesellschaft kommt jetzt auf die Idee, sich in meinem Garten Schlammrutschen zu bauen.

Gerade will ich schreien: „Die Tulpen!"
Da tippt mir meine Frau von hinten auf die Schulter und will wissen, wie lange ich denn jetzt noch aus dem Fenster starren und die Pergola beschimpfen will.

„Jetzt trink doch erst mal einen Kaffee, putz dir die Zähne und stell dich bitte unter die Dusche!", meint sie besorgt und tätschelt dabei zärtlich meine Coronawampe.

Kaffee, Zähne putzen und duschen.
Genau das werde ich tun. Genau wie jeden Morgen.
Der Mensch braucht feste Rituale, sonst dreht er durch.
Gerade in Krisenzeiten.
Aber danach werde ich im feinsten Zwirn und wohlriechend in meinen Garten gehen und versuchen, wenigstens ein paar CDs zu verkaufen und einige Fetzen von meinem Schlafanzug, damit sich der ganze Wahnsinn ein bisschen lohnt.

Samstag, 28.03.

Ich mach nix fürs Internet!

Als ich gestern in meinen Garten ging, war das Publikum weg.
Und auch heute Morgen war da niemand.
Ich habe extra noch eine Stunde gewartet.
Heute nacht wird die Uhr auf Sommerzeit umgestellt.
Könnte ja sein, dass es dadurch zu Irritationen gekommen ist.
Oder die Gartentür klemmt ... egal.
Ich habe ein paar CDs und mein Schlafanzug-Oberteil unter den
Büschen vergraben, um meiner Frau wenigstens einen kleinen
geschäftlichen Erfolg vorgaukeln zu können.
Und dann habe ich einige meiner besten Kabarettnummern
dargeboten. Ohne Publikum, mit nacktem Oberkörper,
nur für die Tulpen.
Einfach, um nicht aus der Übung zu kommen.
Meine Frau meinte: „Stell das Zeug doch ins Internet."

Ich finde das lächerlich. Was bringen mir die sozialen Medien?
Was bringen sie mir für meinen Geist
und meine nackte Coronawampe neben den Tulpen?
„Klicks" und „Likes" kann man nun mal nicht hören oder fühlen.
Auch nett gemeinte Kommentare. Das ist bestenfalls Placebo.
Das wirkt nur, wenn man schon vorher dran glaubt.

Ich weiß das. Mein Hausarzt hat mich schließlich jahrelang
erfolgreich mit Placebos behandelt.

Immer wenn ich an dem Zeug zweifeln wollte,
hat er mir eine saftige Rechnung serviert und plötzlich setzte ein
erstaunlich schneller Heilungsprozess ein.
Es ging mir sofort besser. Und dabei hatte ich die Placebos teilweise
noch gar nicht eingenommen.
Eigentlich waren es nicht einmal Placebos. Es waren Brausestäb-
chen mit Himbeer-Geschmack oder Waldmeister.
Die teuersten Brausestäbchen aller Zeiten.
Ich hasse Waldmeister-Geschmack.
Aber was tut man nicht alles für seine Gesundheit.

„Mach doch trotzdem was im Internet, damit die Leute wieder zu
deinen Auftritten kommen, wenn die Seuche vorbei ist."
Meint meine Frau.
„Alle machen gerade was im Netz. Nur du nicht."

Ich halte das für blinden Aktionismus.
Außerdem folge ich nicht einfach einem Trend,
nur, weil das gerade alle machen. Ich sage zu meiner Frau:
„Und wenn die Leute gerade deshalb nicht zu mir kommen?
Weil sie dann schon alles von mir im Netz gesehen haben?
Oder sie kommen zu meinen Auftritten,
aber sie klatschen und lachen nicht, weil sie denken:
Im Netz war die Wampe aber kleiner."

Nein, wenn ich wieder auf der Bühne stehe,
dann will ich die volle Ladung.
Und wenn es auch nur wenige Zuschauer sein sollten.
Sie werden sich von selbst vermehren,
weil es sich herumsprechen wird, was für ein Erlebnis ich doch bin,
wenn man mich nur analog und in echt erlebt.
Wie ein Lauffeuer wird sich das verbreiten,
über Brieftauben, Flaschenpost, Marathonläufer …

der erste Marathonläufer soll ja,
nachdem er den Sieg der Athener über die Perser verkündet hat,
tot zusammengebrochen sein.
Das würde mir auch für meine Zwecke gefallen.

Da läuft einer in Sandalen über 40 Kilometer nach Hause
und bevor er das Zeitliche segnet, verkündet er seinen Leuten:
„Der Altinger kommt in unsere Stadt!"

Eine Art Selbsttherapie

Ich mache jetzt was im Internet.
Aber nicht, damit dann nach der Seuche wieder Leute zu mir
kommen. Auf keinen Fall. Bestenfalls nehme ich das als angeneh-
me Randerscheinung hin. In erster Linie sehe ich es als eine Art
Selbsttherapie, um einen positiven Umgang mit meinen
Entzugserscheinungen zu finden.

Ich kämpfe gegen mein Leid. Jeden Tag. Meine Frau weiß das.
Sie geht nicht immer pfleglich mit dieser Tatsache um.
Heute habe ich die Spülmaschine ein- und ausgeräumt,
da hat sie mir applaudiert. Es war aber kein ernst gemeinter
Applaus, ich merke das sofort.
Es hatte etwas Schnippisches, eine gewisse Herablassung.
„Na, Specki, die Töpfe stehen verdammt weit unten, was?
Aber toll, wie du das noch hinkriegst.
Na, kommst du auch wieder hoch?
Du musst dem Schmerz entgegenlächeln!"

Ich war schwer gekränkt, nicht zuletzt, weil ich fand,
dass ich echten Applaus durchaus verdient hätte.
Selten wurden Teller, Tassen und Töpfe mit solcher Raffinesse in
eine Maschine geschichtet und anschließend so fachmännisch an
ihren Bestimmungsort zurückgeführt.

Aber der Applaus meiner Frau, er war nur Hohn und Spott.
Sie meinte: „Wenn du jetzt noch den Müll rausbringst,
dann mach ich ‚La Ola' für dich."

Ich habe den Müll nicht rausgebracht.
Stattdessen ging ich in mein Büro und schrob ein Lied, …
schreibte, … schriebte … ich schuf ein Lied,
ein Protestlied gegen meine Frau, mit dem Titel:
„Es ist schon wieder 16 Uhr und du bist schuld."

Ich mache mich nützlich

Heute war mein Publikum wieder da.
Gerade in einem Moment, in dem ich am wenigsten damit
gerechnet hätte. Ich habe im Garten den Rasen vertikutiert.
D. h. ich habe den Rasen mittels eines Vertikutiergerätes
von Moos befreit.
Jahrelang hatte ich immer eine passende Ausrede parat,
um mich vor dieser eintönigen Tätigkeit zu drücken.
Wer hätte jemals gedacht, dass es ein Virus sein wird,
das mich zu mehr Engagement in Haus und Garten zwingt.
Ein Virus, mit dem ich mich noch nicht einmal infiziert habe.

Trotzdem wollte ich mich heute ein weiteres Mal verweigern.
Ich habe es versucht, mit der letzten Ausrede,
die mir auf die Schnelle noch einfiel:
„Ich habe nix Passendes anzuziehen."
Darauf meine Frau: „Nimm irgendwelche alten Bühnenklamotten.
Dann kannst du das Zeug danach endlich mal wegschmeißen."

Ich fand das sehr herzlos und daneben,
aber ich ergab mich meinem Schicksal.
Dabei machte ich eine interessante Entdeckung:
Vertikutieren bekommt auf längere Sicht etwas Meditatives.
Ich versinke in das Schnurren des Motors und finde mich plötzlich
in einem großen Theater wieder. Ein Amphitheater.
Zu den Rändern meines halbrunden Handtuch-Gartens ragen
überall vollbesetzte Tribünen auf. Moostribünen.

21

Frisch vertikutierte Moostribünen. Mein Publikum versinkt etwas darin, aber die Köpfe sind noch deutlich zu erkennen.

Sie sehen mir gebannt zu und ich höre sie murmeln:
„Schau mal, das ist doch mal ein erstklassiger Vertikutierer.
Um diese Perfektion zu erlangen, muss man sicher jahrelang üben.
Den könnte man doch mal engagieren,
für unsere nächste Betriebs-Weihnachtsfeier."
Und aus einer anderen Reihe: „Das hat Klasse, das hat Stil.
Mit welcher Leichtigkeit und Grazie er sein Instrument über die Halme gleiten lässt. Das ist Tanz, das ist Magie.
Diese Schere zwischen Moos und Gras,
zwischen Wurm und Halm. Es ist eine Liebeserklärung an den immer wiederkehrenden Zyklus des Lebens."
Darauf der Sitznachbar: „Ja, aber diese seltsame Frisur,
die goldene Sonnenbrille und das Las-Vegas-Outfit von Elvis Presley, ist das nicht etwas affektiert?"
„Nein, nein, darin zeigt sich erst die wahre Profession.
Es handelt sich hier um einen verifizierten Vertikutierer."

Und aus der nächsten Reihe: „Unsere Tochter macht übrigens auch gerade eine künstlerische Ausbildung in New York,
an der Hochschule für Musical und Vertikutieren.
Außerdem studiert sie Sport mit Schwerpunkt „rhythmische Rasengymnastik". Sie steht schon kurz vor dem Abschluss.
Nur die wenigsten kommen da durch. Für die meisten bleibt es am Ende dann eben doch nur eine brotlose Kunst."

Jetzt habe ich mein Werk vollendet.
Der ganze Garten ist voller Mooshaufen.
Ich bin sicher, von oben betrachtet gleicht der Anblick meines Rasens einer Schlacht, einem gigantischen Sittengemälde!

Die Tribüne tobt, sie trampelt, Bravo-Rufe.
Ich stelle den Vertikutierer ab, rolle das Kabel ein,
verneige mich, bitte das Orchester hinter mir,
wieder Platz zu nehmen und zu den Instrumenten zu greifen.
Dann stelle ich den Kragen meiner glitzernden
Elvis-Las-Vegas-Jacke auf, werfe mich in Positur
und singe: „In the ghetto".
Mit den letzten Klängen des Liedes lasse ich mich auf den Rücken
fallen und mache einen Moos-Engel.

Dienstag, 31.03.

Mein teuerstes Fotoshooting

Mein tiefes Verlangen nach Abenteuer
und Grenzerfahrung ist nicht mehr zu stoppen.
Heute bin ich zum 17. Mal mit 150 km/h in die Radarfalle
auf dem Weg nach München gefahren,
um nicht gänzlich auf das so lebenswichtige Blitzlichtgewitter zu
verzichten. Ich gebe zu, schon nach dem zehnten Mal stellte sich so
etwas wie profane Gewöhnung ein.

Aber was mein Herz doch sehr erquickt, ist das Wissen,
dass der entwickelnde Polizeibeamte sicherlich nicht oft Fälle
bearbeitet, in denen der telegen lächelnde Geschwindigkeits-
übertreter nicht nur einen nachtblauen Smoking zu seiner
kleinen Verkehrssünde trägt,
sondern auch noch diverse Kabarettpreise vor sich stehen hat.

Montag, 01.04.

Endlich mal Besuch!

Es klingelt, und draußen steht, zu meiner Freude,
ein bayerischer Männerchor. Das tut gut, die Bevölkerung vergisst
ihre Helden nicht in der Not, nein, sie huldigt ihnen mit geschmettertem Volksgut zur mitgebrachten Mandoline.

Ich korrigiere den letzten Absatz.
Es handelte sich um einen Aprilscherz,
den ich aber sehr schnell durchschaute.
Es war keine Mandoline, und es war auch kein Männerchor,
es war ein Sondereinsatzkommando der Polizei.

Der Chef ruft mir durch ein in Plastikfolie gehülltes Megafon zu:
„Wir kommen wegen Ihres Drogenmissbrauchs:
17-mal, total stoned, durch dieselbe Radarfalle.
Sie müssen ja eine ganze Weedplantage im Keller haben.
Wir machen jetzt Folgendes: Wir werden Sie überraschend
niederstoßen, Ihnen die eine oder andere Rippe brechen,
Sie fesseln, ins Haus stürmen, alles durchsuchen,
dabei den einen oder anderen Sachschaden anrichten
und dann mit Ihnen und den Beweisstücken aufs Revier fahren."

Ich sage: „Das geht nicht, wegen Corona."
Der Typ mit dem Megafon meint:
„Das ist richtig. Wären Sie deshalb so freundlich,
jetzt unglücklich zu stürzen, sich dann mit Kabelbinder zu fixieren,
und dann selbst Ihre Wohnung zu durchsuchen?
Ist sowieso praktischer.

Sie wissen ja, wo das illegale Zeug liegt."
Ich frage: „Wie soll das denn gehen? Ich kann mich doch nicht erst
fesseln und dann die Wohnung durchsuchen."

Der SEK-Beamte wird ungehalten.
„Sie glauben wohl, nur weil Sie ab und zu mal im Bayerischen
Fernsehen zu sehen sind …"
Ich bin begeistert: „Sie haben mich erkannt?
Wollen Sie Autogramme? Ich hab einen Clerasilstift,
damit kann ich ganz hygienisch …"
Der Beamte:
„Sie glauben wohl, nur weil Sie beim Fernsehen sind …
können Sie sich den Dienstanordnungen widersetzen …
Na gut, dann fallen Sie erst hin, brechen sich ein bisserl was,
dann durchsuchen Sie Ihre Wohnung, kommen zurück und dann
fesseln Sie sich. Herrgott, mal ein bisschen mitdenken."

Ein zweiter SEKler meldet sich zu Wort.
„Nein, wenn er das so macht, dann haut er uns durch die Hintertür
ab, wie gestern der Florian Silbereisen."

Ich sage: „Ich bitte sie, ich bin ein ehrlicher Mann.
Ich würde vorschlagen, ich spiele Ihnen jetzt ein bisschen etwas
aus meinem Programm vor, dann singen wir vielleicht etwas
miteinander, dann stürze ich unglücklich, fessle mich,
und meine Frau bringt Ihnen das Weed raus,
wir müssen alle unser Scherflein beitragen."

Meine Frau ruft aus dem Hintergrund:
„Was für ein Weed? Kiffst du etwa wieder?"
Ich rufe zurück: „Nimm einfach was von deinem Lieblingsficus,
der wächst eh viel zu schnell, da könntest du doch mit dem
Hornhauthobel … nur so ein paar Blätter."

Hinter mir spüre ich den Luftzug eines zweckentfremdeten Haushaltsgeräts – und etwas nähert sich in Überlichtgeschwindigkeit meinem Hinterkopf.

Ab da weiß ich nichts mehr.

Sonntag, 05.04.

Innere und äußere Reinigung

Die letzten Tage habe ich tatsächlich nicht erlebt.
Mein Hausarzt hat mich in dieser Zeit angeblich mehrfach
konsultiert, aber er konnte meine Frau beruhigen.
Er meinte: „Es wird ihm sehr bald wieder besser gehen.
Ich habe ihn richtig zugepumpt mit Placebos."
Darauf meine Frau: „Aber Placebos wirken doch gar nicht.
Außerdem waren das nicht einmal Placebos, sondern aufgelöste
Brausestäbchen mit Waldmeister-Geschmack."
Darauf mein Hausarzt: „Wenn er wieder aufwacht,
zeigen Sie ihm meine Rechnung.
Das hat bis jetzt noch immer gewirkt."
Darauf meine Frau: „Aber das muss er doch nicht selbst bezahlen.
Wir sind doch versichert!"
Darauf mein Hausarzt: „Glauben Sie mir. Keine Versicherung der
Welt hat jemals für Brausestäbchen bezahlt."

Als ich aufgewacht bin,
war ich tatsächlich sehr schnell wieder gesund.
Und dann habe ich erstmal geduscht.
Ich habe sehr lange geduscht. Ich habe festgestellt,
wenn man die Brause voll aufdreht, dann klingt das wie Applaus.
Und wenn man den Duschkopf auf einen dickeren Strahl einstellt
und das Wasser langsam auf den Duschbeckenboden fallen lässt,
dann ist das, als würden viele Menschen mit den Füßen trampeln.
Ich genieße das.

Ich denke, die schlimmsten Auswirkungen
der Coronakrise werden sich vor allem
an meiner Wasserrechnung spiegeln
und an meiner trockenen, juckenden, zerkratzten Haut.

Montag, 06.04.

Eier

Bald ist Ostern. Wir haben beschlossen, eigenen Schmuck zu basteln. Da ich mich zum Eierausblasen eindeutig für überqualifiziert halte und meine Frau mich für zu schwächlich, habe ich mich ausschließlich auf die Dekoration beschränkt.
Ich habe nach einem schwarzen Edding-Stift gegriffen und jedes Ei signiert. Allerdings hatte ich leichte Schwierigkeiten mit der Rundung der Schreibfläche.

Viele Signaturen sehen der meines Hausarztes täuschend ähnlich.
Aber besonders auffällig ist eine Signatur.
Sie sieht aus wie „Bata Illic". Ich mag Bata Illic.
Ein großartiger Sänger.
Seit Jahrzehnten halte ich ihn für eindeutig unterschätzt.
Ich finde, es gibt mir Größe und Würde,
ihm noch einmal ein Denkmal gesetzt zu haben.

Ich frage mich, was wohl passieren würde,
wenn Bata Illic ein Ei signiert.
Womöglich liest er dann meinen Namen,
den er in seinem Leben noch nie gehört hat.
Er würde wahrscheinlich Nachforschungen anstellen
und schließlich lerne ich endlich mal Bata Illic persönlich kennen.

Meine Hoffnungen schwinden aber sehr schnell.
Denn meine nächste Signatur sieht eindeutig aus wie
„Annegret Kramp-Karrenbauer".

Ich weiß auch nicht, wie mein Name so schrecklich mutieren
konnte. Vermutlich hätte ich das Ei,
während ich mit der rechten Hand schrieb,
nicht mit der linken Hand so schnell drehen sollen.
Ach, Feinmotorik, du warst noch nie mein Freund.
Aber ich bleibe dran.

Gott sei Dank ist meine Frau eine hervorragende Eierausblaserin
und sie bereitet sie auch köstlich zu.
Nach fünf Omeletten und dreizehn Rühreiern haben mich bereits
mehrere Eiweißschocks niedergestreckt und ich habe das Gefühl,
eine Jumbo-Packung Viagra eingenommen zu haben.
Aber ich stehe tapfer meinen Mann und verwende all meine
Konzentration darauf, endlich die ersten Buchstaben meines
Vornamens, eindeutig identifizierbar, auf ein Ei zu kriegen.
Momentan scheitere ich aber noch jedes Mal an der immer glei-
chen Stelle, dem „M".

Vielleicht lege ich mir doch noch einen Künstlernamen zu.
Irgendwas mit „I" „T" und „L". Das sind die Buchstaben,
die ich am besten auf die runde Oberfläche bringe.
„TIL" das wäre doch ein toller Name.
Leicht zu merken und irgendwie international.
Ich schätze, damit werde ich durchstarten und bei meinen Auto-
grammstunden wird immer meine Frau neben mir stehen und sie
wird wissen, was sie zu tun hat.

Gelebte Systemrelevanz

Mein Publikum hat mich wieder gefunden.
Nicht bei mir im Garten.
Nein, ich stehe in einer langen Schlange bei Aldi.
Als plötzlich eine Durchsage erklingt:
„Und der Welt-Kultur-Preis 2020 geht an … Michael Altinger!"
Ich reiße die Arme in die Luft und stoße einen begeisterten Schrei
aus. Ein altes Ehepaar schaut mich erschrocken an
und er sagt zu ihr: „Was war das eben für eine Durchsage?"
Und sie sagt zu ihm: „Die hat gesagt:
Lieber Kunde, wir öffnen jetzt Kasse Zwei für Sie!
Ich glaube, der junge Mann hat da was falsch verstanden."

Ich sage zu den beiden: „Haben Sie das gehört?
Ich bekomme einen Preis!" Die alte Frau schaut mich sorgenvoll an
und meint: „Ja, an Kasse Zwei."
Und ich: „Ich wurde gerade persönlich aufgerufen."
Und der alte Mann:
„Ach, dann sind Sie wohl der ‚liebe Kunde'."

Ich verneige mich zu allen Seiten und schiebe, gerührt
und tief bewegt, meinen Einkaufswagen an Kasse Zwei
und lege meine Sachen auf das Förderband.
Ich spüre dabei die vielen neidischen Blicke.
Ja, so ist das eben, wenn man ganz oben steht.
Ich fühle mich geschmeichelt und geehrt.
Und ich habe mir das auch verdammt noch mal verdient.

Am Ende von Kasse Zwei räume ich meine Einkäufe wieder in den
Wagen und bereite innerlich meine Dankesrede vor.

Dann stecke ich meine EC-Karte falsch herum in den
Bezahlungsschlitz. Lass mir von der dicken,
hinter Plexiglas gesicherten, Mundschutz-vermummten
Verkäuferin erklären, was ich jetzt zu tun hätte.
Stecke die Karte noch einmal falsch in den Schlitz,
weil ich kein Wort der Verkäuferin verstanden hatte.
Drehe und wende die Karte so lange, bis sie endlich passt,
nehme feierlich den Quittungszettel entgegen und sage:
„Vielen Dank. Danke, Danke. Hey, Danke!
Oh mein Gott, ich kann das gar nicht glauben.
Danke an die Jury, danke an Mama und Papa
und all die andern. Das war ein Wortspiel. Verstehn Sie?
Wir sind hier im Aldi. Und ich habe gesagt:
‚All die‘ anderen … egal.
Lasst mich sagen, dass es mir eine ganz besondere Ehre ist,
vor diesen vielen großartigen Kollegen
diesen Preis entgegennehmen zu dürfen.“
Darauf die Verkäuferin:
„Sie haben immerhin 36,85 Euro dafür bezahlt.
Würden Sie jetzt bitte gehen,
damit ich hier weitermachen kann!“

Ich setze meine Dankesrede fort:
„Wir alle müssen zusammenstehen. Wir werden hart geprüft,
aber wir sehen auch, welche Chancen in dieser Krise stecken.
Trotz körperlicher Distanz sind wir einander doch nähergekommen
und das sollten wir uns bewahren,
über diese schweren Zeiten hinaus.“
Und die Verkäuferin: „Wenn Sie jetzt nicht gleich gehen,
dann werde ich Ihnen körperlich näherkommen.“

Ich biege in die Schlusskurve meiner Rede:
„Diese Dame, die hier und heute für uns an dieser Kasse sitzt.
Solche Menschen sind für mich die wahren Helden unserer Zeit."
Und die Verkäuferin: „Das ist ein Scheiß-Job!
Mein Chef hat mir verboten, in Quarantäne zu gehen."
In der Zwischenzeit bin ich auf das Förderband gesprungen und
beginne jetzt, bedeutungsvoll zu applaudieren.
Die Verkäuferin brüllt: „Und beschissen bezahlt werde ich auch!"
Das hört aber niemand, weil jetzt alle klatschen.

Mit einer großen Geste beruhige ich die Menge und sage:
„Alles, was hier in meinem Einkaufswagen liegt,
werde ich stiften und zwar für diese Frau da an der Kasse.
Denn sie hat es verdient wie kein zweiter hier."

Ich sehe, wie die Verkäuferin jetzt doch feuchte Augen bekommt
und sich ein Tränenschwall über ihren Mundschutz ergießt.
Und jetzt höre ich, wie sie leise stammelt:
„Nudeln und Tomatensoße. Ich glaub, ich muss kotzen."

Jetzt kann ich meine Rede beenden:
„Ich weiß, es ist kein sehr großer Beitrag,
den ich hier leisten kann und deshalb sage ich:
Ich bin nur ein kleiner Arbeiter im Weinberg des Herrn.
Aber etwas Großes entsteht eben immer nur aus vielen kleinen
Teilen. Ich danke euch and God save Bavaria!"

Überall gerührte Gesichter. Erneut brandet Applaus auf,
die Verkäuferin boxt mich brutal in die Seite, als ich versuche,
ein Selfie mit ihr zu machen. Das merkt aber niemand.
Ich verlasse den Aldi und ich fühle mich gut.
Ich schätze, ich werde nun öfter hier erscheinen.

09.04., Gründonnerstag

Über die eigenen Grenzen

Ich bin nicht abergläubisch. Ich bin katholisch. Noch.
Seit Monaten nehme ich mir vor,
demnächst aus der Kirche auszutreten.
Das Standesamt in der Gemeindezentrale ist aber derzeit
nicht besetzt, und deshalb bleibe ich treu an der Seite
meines katholischen Gottes.
Zumindest, solange ich noch dafür bezahlen muss.
Danach wechsle ich endgültig zu Netflix.

Ich glaube an keine heidnischen Bräuche.
Aber ich schließe gerne Wetten ab. Mit mir selbst.
Schicksalswetten. Schon als Kind habe ich in meinem Elternhaus
immer darauf geachtet,
niemals die Fugen zwischen den Bodenfliesen
zu betreten, damit ich bei der Matheschulaufgabe
nicht schon wieder komplett versage. Wenn ich mir heute
meine Schulzeugnisse ansehe, muss ich erkennen:
meine Füße waren eindeutig zu groß für die Fliesen.

Folgende Selbstwette habe ich heute mit mir abgeschlossen:
„Wenn ich am Ende meines täglichen Spaziergangs
mindestens 25 000 Schritte erreicht habe,
dann werde ich gestärkt aus dieser Corona-Krise hervorgehen."
Dazu muss ich anmerken: Mein Schrittzähler war mir bis heute
wurscht. Und deshalb hatte ich keinerlei Ahnung,
wie ausgedehnt ein Spaziergang sein sollte,
um auf 25 000 Schritte zu kommen. Egal.

Die Selbstwette war ausgesprochen und ich habe mir verboten, während des Spaziergangs auf den Schrittzähler zu schauen. Das wäre nämlich geschummelt. Ich gehe los und es tut mir gut. Körper, Geist und Seele befinden sich im harmonischen Einklang und lieben sich.

Als ich mich wieder kurz vor meiner Haustür befinde, mir schon in Gedanken ein großes Glas Wasser eingieße, mich mit der Zeitung auf die Couch lege und mich anschließend mit nacktem Oberkörper in den Garten stelle und den Grill anheize, da schau ich doch noch auf meinen Schrittzähler.

So kurz vor dem Ziel, da steht mir eine kleine Regeländerung zu und gilt deshalb als „nicht geschummelt". Keine 12 000! Dabei war ich fast zwei Stunden unterwegs. Einen längeren Spaziergang gibt unsere Gegend praktisch gar nicht her!

Es ist klar, was das für mich bedeutet: Die Corona-Krise wird mich in den Ruin treiben. Da wird es auch nichts bringen, wenn ich meinen Kirchenaustritt nochmal um ein Jahr verschiebe. Kein Publikum wird sich jemals wieder für mich interessieren. Verzweifelt werde ich neue Stücke schreiben, sie meiner Frau präsentieren und anschließend in ihre traurigen Augen sehen. Schluchzend wird sie vor mir auf die Knie sinken und ausrufen: „Und wir haben nicht mal mehr Klopapier!"

Ich mache also auf dem Absatz kehrt, um meine Spazierrunde noch einmal in die entgegengesetzte Richtung abzuschreiten, mit einer zusätzlichen Strafrunde von mindestens 1000 Schritten. Wer weiß, vielleicht werde ich zwischendurch einmal stehend und einmal liegend schießen.

Leider habe ich kein Gewehr. Das ist aber kein Problem.
Ich werde einen Jäger im Wald von seinem Hochsitz schütteln.

Es ist später Nachmittag,
ich habe Durst und meine Füße bitten um Schonung.
Aber ich ignoriere das. Es geht schließlich um mehr
als um körperliche Bedürfnisse. Es geht um ein wichtiges
Weltkulturerbe. Es geht um meine Karriere.

Ich beginne zu halluzinieren.
Mein Publikum ist wieder da.
Es steht an den Seiten meines Wanderweges und
singt ein Lied für mich. Dabei verwendet es die Melodie
des Klassikers „Über sieben Brücken musst du gehen":
„13 000 Schritte musst du gehen,
13 000 Schritte überstehn,
13 000 Schritte müssen sein,
das sind mehr als 6 000 für ein Bein."
Sie wiegen sich dabei nach links und rechts
und halten ihre Handys in die Luft,
auf denen die Schrittzähler hell erstrahlen.

Mich überkommt eine bewegende Feierlichkeit,
Tränen kullern über meine Wangen und ich denke:
„Manchmal wünsch ich mir mein Schaukelpferd zurück."
Ich werde es schaffen, ich weiß das.
Irgendwie habe ich vergessen,
was ich eigentlich schaffen wollte,
aber das interessiert mich jetzt nicht mehr.

Es wird Nacht und ich erreiche den Wald.
Es ist ein kleiner Wald. Ein Wäldchen.
Seit meiner Kindheit kenne ich dieses Wäldchen.

Ich kenne es besser als meine Westentasche.
Aber ich habe keine Westentasche
und vermutlich deshalb verliere ich komplett die Orientierung.

Mein Handy klingelt. Meine Frau ist dran:
„Wo bist du? Die Salate stehen auf dem Tisch
und es liegt noch immer nix auf dem Grill."
Jetzt überkommt mich Panik.
„Die Salate fertig? Vor dem Gegrillten?
Das ist mir noch nie passiert!"
Ich rette mich mit einer erstaunlichen Ausrede:
„Es ist Gründonnerstag, da gibt's kein Fleisch!"
„Herrgott, wo bist du denn?!", will sie noch einmal wissen.
„Ich bin im Wald!", rufe ich ins Handy.
„Was machst du denn im Wald?!", will sie wissen.
„Schritte!!", brüll ich zurück.

Meine Frau rennt in den Wald und findet mich sofort.
Ich lehne am allerersten Baum und ich singe,
gemeinsam mit meinem Publikum:
„Das sind mehr als 6 000 für ein Bein!"
Meine Frau tippt mich an.
Ich drehe mich zu ihr, halte ihr mein Handy entgegen:
„Wie viele?!", schrei ich sie an.
Sie weiß sofort, was ich meine.
Bevor ich wegdämmere höre ich: „24 987."
Eine fremde Macht packt mich unter den Armen,
zieht mich hoch und richtet mich noch einmal auf.
Dann schubst sie mich nach vorn
und ich torkle weitere dreizehn Schritte.
Und noch fünf dazu, um absolut sicher zu sein.

Jetzt wird alles gut. Ich lächle, bin zufrieden und spüre, wie mich eine fremde Macht packt und zu Boden zieht. Dann wirft mich die fremde Macht um ihre Schulter und trägt mich nach Hause.

Es könnte aber auch meine Frau gewesen sein.

10.04., Karfreitag

Freundschaftspflege

„Heute ist Jesus gestorben."
Sage ich zu meinen Kindern, damit sie nicht zu blöd dastehen,
falls sie jemand fragt.
Ansonsten gestaltet sich dieser Tag wie alle Tage zuvor.
Er fügt sich nahtlos ein in alle übrigen ewigen Sonntage,
zu denen wir seit Wochen verdonnert sind.

Da ruft mich der Hausinger Pauli an.
Der Hausinger Pauli ist ein ehemaliger Bühnenkollege,
der sich seit Jahren nicht mehr gemeldet hat.
Der Hausinger Pauli ist von sich aus ein eher aggressiver Typ,
aber er hat immer wieder originelle Begriffe und Geschichten parat
und deshalb freu ich mich über seinen Anruf.
„Ja, da schau her. Der Hausinger. Gibt's dich auch noch?"
„Ja, stell dir vor. Und? Wie geht's dem Herrn Künstler?
Scheiße, oder?"
„Du, es geht eigentlich.
Man werkelt so dahin, man bleibt positiv und hofft,
dass man bald wieder unterwegs sein kann."
„Ja, aber irgendwie Scheiße, oder?"
„Ja, aber man hat ja seine Familie um sich,
man ist gesund, Speisekammer ist voll, die Sonne scheint."
„Genau. Scheiße, ha?"
„Ja, irgendwie schon."

Der Hausinger Pauli stand vor vielen Jahren vor einer großen
Karriere als Singer-Songwriter.
Der schrägste und lustigste, den ich bis dahin erlebt hatte.
Aber irgendwie hat ihn dann die Vernunft gepackt
und er wurde ein anständiger Handwerker.
Ein sehr guter Handwerksmeister, mit eigenem Betrieb.
Ziemlich erfolgreich, aber irgendwie doch sauer darüber,
dass ihn sein Gewissen damals überredet hat,
die Gitarre zur Seite zu legen.
Und jetzt liefert er mir einen ausführlichen Zustandsbericht:
„Du, ich könnt so abkotzen, wenn ich mir die ganzen Künstler
anschau im Internet. Heut setzt sich doch ein jeder Semmelsepp
mit seiner Gitarre vor sein Handy und spielt ein ganz ein
wichtiges Lied. Ganz tief, ganz gefühlvoll.
Und dabei schauns immer drein,
als wärens grad ans Kreuz genagelt worden."
„Ja mei, es muss halt grad jeder was tun,
dass er sein Publikum nicht verliert."
„Ja, aber deswegen muss ich mich doch nicht
zum Deppen machen."
„Du, es gibt gerade ganz viele Leute,
denen solche Lieder gut tun.
Die das sogar grad richtig brauchen."
„Was sind denn das für Deppen?
Komplette Hirnamputierte, oder was? Und nach Corona
hast die dann alle im Publikum sitzen. Ja, merci!"

Ich habe jetzt keine Lust mehr, über schauerliche
Zukunftsaussichten für Künstler zu reden und versuche,
das Gespräch in eine andere Richtung zu lenken.
„Ja, alles klar, Pauli. Wie geht's dir eigentlich?"

„Mir geht's super. Mein Betrieb ist in Kurzarbeit
und morgen geh ich zum Gleitschirmfliegen."
„Aha. Darf man das überhaupt?"
„Ich flieg mit Mundschutz und mit Mindestabstand.
Da fehlt sich nix. Und du?
Schreibst auch grad ein paar Lieder auf der Gitarre?"
„Ja, nein ... mei, natürlich inspirieren einen solche Zeiten auch."
„Auweh. Jetzt mein ich, jetzt hab ich dich erwischt."
„Du Schmarrer. Ich hab wirklich viel genug zu tun.
Ich räum mein Büro auf, ich geh spazieren,
ich mach täglich Sport."
„Wennst jetzt Yoga sagst, dann lach ich. Aber ganz laut."
„Nein! Aber ich dehne mich. Jeden Tag eine halbe Stunde."
„Bei dir fehlt's ja vom Boa weg.
Du bist nicht mehr mein Michal."

Erneut versuche ich, die Oberhand im Gespräch zu gewinnen:
„Und was machst dann du grad?"
„Das kann ich dir sagen: Ich hab mir grad ein Weißbier aufgmacht
und sitz nackert in meinem Hotpot."
„Ja gut. Das ist einmal ein schöner Karfreitag."
„Ja, was willst denn am Karfreitag sonst machen,
außer Rumhängen. Der Jesus hat ja auch nichts anderes gemacht.
Haha! Das war jetzt mal ein Witz von mir.
Den darfst du gerne verwenden,
falls du mal wieder auf eine Bühne kommst."
„Ja, haha. Danke. Servus."

Ich lege auf, gehe in mein Büro, öffne meinen Computer und lösche
sofort alle Lieder, die ich in den letzten Tagen mit meiner Gitarre
aufgenommen habe.
Lieder, mit so wunderbaren Titeln, wie:
„Der Clown weint." Oder: „Auf Distanz war ich dir nie so nah."

Und: „Alle Menschen dieser Welt sind Kinder,
die umarmt werden wollen, ohne sich dabei zu infizieren."
Das war allerdings nur ein Arbeitstitel.

Dann mach ich mir ein Weißbier auf
und setz mich in die Badewanne.

12.04., Ostersonntag

Hochachtung und Bewunderung

Seit Tagen und Wochen machen wir ausgedehnte Spaziergänge.
Heute wollte ich einmal pausieren.
Aber dann hat mich meine Frau erinnert,
welcher Tag heute ist und welche Traditionen damit verbunden
sind. Und wie wichtig es doch wäre, gerade in schweren Zeiten
Traditionen zu pflegen, um dem Leben Halt zu geben.

Der Osterspaziergang gehört da nun mal dazu.
Mir fällt wieder ein, dass ich seit Wochen aus der Kirche austreten
will. Aber noch bin ich drin und das heißt:
der Katholiken-Gott hat weiter ein Auge auf mich
und eine Verweigerung des Osterspaziergangs würde sich nicht gut
machen auf meinem Lebenskonto bzw. vielleicht hat es sogar einen
negativen Einfluss auf meine weitere Karriere.
Nach meinem Tod in die Hölle zu kommen,
das könnte ich gerade noch verschmerzen.
Aber, dass am Ende in Strunzenöd nicht einmal eine Sackgasse
nach mir benannt wird ...
Ich zog mir meine Wanderschuhe an und wir gingen los.

Das Wetter ist seit Wochen bestens,
man begegnet vielen Menschen,
man hält kurze Pläuschchen auf Distanz und geht wieder weiter.
Und manchmal hat meine Frau seltsame Eingebungen.
Heute grinst sie mich von der Seite an und meint:

„Lust auf eine kleine Mutprobe?"
„Ja klar, warum nicht?"
„Also gut. Wenn du den nächsten Menschen,
der uns begegnet, begrüßt mit den Worten:
‚Gott zum Gruße, du wackrer Wandersmann,
wohin des Wegs zu dieser nachmittäglichen Stunde?'
Und zwar mit größtem Pathos, laut und ausgedehnt,
dann bist du für mich der größte Bühnenheld aller Zeiten."
„Okay. Und was gibt's zur Belohnung?"
„Meine grenzenlose Hochachtung und Bewunderung."

Ich grinse kampfeslustig und murmle den Satz mehrmals
hintereinander vor mich hin,
um im richtigen Moment gerüstet zu sein.

Meine Frau will jetzt wissen, ob sie sich da täusche
oder ob sie da nicht tatsächlich ein paar Anzeichen von
Lampenfieber auf meiner Stirn entdecke.
Es ist heiß, wir sind seit über einer Viertelstunde im zügigen
Spaziermarsch und sie meint, an meinem Schweiß Lampenfieber
zu erkennen. Sie scheint mich nicht annähernd so gut zu kennen,
wie sie meint.
Lampenfieber äußert sich bei mir grundsätzlich und ausschließlich
in Verbindung mit einem beachtlichen Harndrang. Und davon bin
ich weit entfernt.

Ich murmle weiter den Satz vor mich hin.
„Gott zum Gruße, du wackrer Wandersmann …"
Da kommt uns Herr Niederlechner entgegen,
ein Bekannter aus der Nachbarschaft, mit seinem Golden Retriever.
Ich warte, bis er auf etwa fünf Meter an uns herankommt,
bleibe stehen, werfe mich in die Brust und schmettere:
„Grüß Gott, du wackliger Hansdampf, der Weg ist das Ziel!"

Meine Frau und Herr Niederlechner schauen mich
überfordert an, der Golden Retriever bricht die
vorgeschriebene Abstandsregel und beginnt,
an meinen Beinen rumzuschnüffeln.

Herr Niederlechner schaut jetzt etwas spitzbübisch drein,
wirft sich ebenfalls in die Brust und entgegnet:
„Holladrio, du alte Rauschkugel,
hat der österliche Trunk zum Mittagessen gemundet?"
Darauf fällt mir jetzt echt nix ein und ich habe auch
gar keine Lust, mir etwas einfallen zu lassen,
denn diese Konversation entspricht eindeutig
nicht meinem Niveau.

Außerdem haben wir heute gar nicht zu Mittag gegessen.
Es gab nur ein spätes Frühstück und am frühen Abend werden wir
uns einen Festtagsbraten genehmigen.
Das halte ich aber für wenig spektakulär und ich will auch
keinesfalls, dass Herr Niederlechner zu viel aus meinem
Privatleben erfährt. Zudem verspüre ich in diesem Moment
einen ganz beachtlichen Harndrang.

Der Golden Retriever scheint das irgendwie zu wittern und
schnüffelt noch heftiger an meinen Beinen herum.
So stehen wir zu dritt auf dem Feldweg und starren uns
schweigend an, während der Hund seine Nase zwischen
meine Beine steckt.

Meine Frau rettet jetzt die Situation:
„Oh, wir hatten heute ein spätes Frühstück und um halb sechs
gibt's einen Lammbraten. Und bei Ihnen? Alles in Ordnung?
Alle gesund? Einen schönen Tag und frohe Ostern!"

Mit sichtbarem Kraftaufwand zerrt Herr Niederlechner seinen Hund von mir weg und die beiden entfernen sich.

Wir gehen weiter. Meine Frau grinst schon wieder und meint: „Hiermit hast du meine grenzenlose Hochachtung und Bewunderung."

Montag, 20.04.

Der Stoff, aus dem
die Masken sind

Seit heute gilt bei uns die Maskenpflicht.
Meine Frau hat sofort gehandelt und die alte Nähmaschine,
die sie vor hundert Jahren bei Aldi günstig erstanden hatte,
in Betrieb genommen.
Den ganzen Tag über hörte man im Haus das angenehme Rattern.
Erst am späten Abend kam sie aus ihrem improvisierten
Nähzimmer. Abgekämpft, aber überglücklich strahlend.
Einen ganzen Stapel von Atemmasken hat sie in der Hand und
lächelt mich stolz an. Sofort nehme ich die Erste, probiere sie an
und sie passt und sie sieht sogar irgendwie auch noch gut aus.

Einem Bankräuber, der mit einer solch kultivierten Vermummung
vor dem Schalter auftaucht,
dem würde man wahrscheinlich noch Komplimente machen,
während er den Tresor ausräumt.

Ein dünner, ein feiner Stoff. Man bekommt sogar richtig Luft.
Davor hatte ich die größte Angst. Dass ich hinter der Maske
ersticken würde und tot im Supermarkt im Nudelregal liege.
Nein, die handgenähten Werke meiner Frau sind atmungsaktiv,
schick und leicht anzubringen. Sie hat sogar einen Draht mit
eingenäht, damit man die Maske um den Nasenrücken individuell
anpassen kann. Sie ist eine Künstlerin, eine Königin. Ich lobe und
liebe sie dafür.

„Sag mal, wo hast du denn diesen tollen Stoff her?" frage ich sie.
„Woher ich den Stoff habe? Sag mal, erkennst du ihn denn nicht
wieder? Deine alten Bühnenhemden?"
Ich lache. „Ja, haha, meine alten Bühnenhemden.
Die hast du zerrissen und zerschnitten und Atemmasken daraus
genäht. Mein ausgebufftes, freches Mädchen."
Und sie: „Ja genau."

Meine Stimmung verändert sich jetzt doch schlagartig:
„Das ist nicht dein Ernst!"
Und sie: „Woher sollte ich denn sonst diesen Stoff herkriegen?"
Jetzt weine ich. „Du verarschst mich, oder?
Sag mir, dass du mich bloß verarschst!"
Und sie: „Die hängen seit Jahren im Keller rum.
Die waren völlig eingestaubt und am Boden lagen überall
fettgefressene Motten rum und haben laut geröchelt."
„Das ist nicht lustig!"

Und sie: „Jetzt krieg dich wieder ein.
Nie im Leben hättest du die alten Dinger noch einmal genutzt.
Weder auf der Bühne und schon gar nicht privat."
„Darum geht's doch gar nicht. Versteh mich doch.
Das waren nicht nur Hemden, das waren Freunde,
treue Begleiter durch Freud und Leid. Meine zweite Haut,
mein Zuhause in der oft so fremden Welt von Glamour und Show.
Hier! Riech mal! Das ist Schweiß!
Echter Bühnenschweiß!
Zusammengetragen in vielen Jahren harter Kabarettarbeit."

Und sie: „Du glaubst doch nicht im Ernst, dass ich die Dinger nicht
gewaschen hab, bevor ich sie verarbeitet habe."
„Mein Schweiß ist stärker als jede Waschmaschine der Welt."
Und meine Frau: „Dein Schweiß riecht nicht nach Lenor.

Das hat der noch nie getan. Das weiß ich ganz sicher.
Und jetzt beruhig dich. Welchen Stoff hätte ich denn
deiner Meinung nach nehmen sollen?"

Wortlos gehe ich ins Schlafzimmer,
greife mir ein paar alte T-Shirts und kehre damit
zu meiner Liebsten zurück.
„Da!", sage ich. „Wie wäre es damit?"
Und sie: „Das sind die T-Shirts, die ich dir für den letzten Urlaub
besorgt habe. Wo hast du denn die plötzlich her?"
Und ich: „Die lagen ganz unten.
Unter den anderen, ganz unten drunter."
„Die hast du nie getragen."
„Sehr wohl. Ich hasse es, wenn auf meiner Brust steht:
Golden sand beach tiger."
„Die sind quasi neu."
„Ja, und weißt du, was das bedeutet?
Sie erzählen keine Geschichte.
Diese T-Shirts sind seelen- und herzlos.
Wie geschaffen für das Schafott deiner Nähmaschine.
Bestimmt dazu, mit totbringenden Viren durchtränkt zu sein.
Sie hätten es verdient.
Aber nicht meine guten alten Bühnenpartner."

Und sie: „Sieh es doch einfach mal so.
Deine Hemden bekommen jetzt ein zweites Leben.
Noch einmal betreten sie eine ganz neue Bühne.
Die Bühne der systemrelevanten Lebensretter.
Ein Teil von dir. Gereinigt und geschneidert von mir.
Es ist ein Gemeinschaftsprojekt."

Meine Laune bessert sich. Ich finde, sie hat Recht.
Der Gedanke gefällt mir und er beruhigt mich.
„Na gut. Wie viel wolltest du denn verlangen, pro Stück?"
„Eigentlich nix. Ich dachte, mehr so als Geschenk, für Freunde und Bekannte."
„Du willst nichts dafür verlangen?!"
Und sie: „Ich werde ganz sicher nicht zu deiner Mutter gehen,
ihr einen Mundschutz überreichen und sagen:
Da! Das ist der alte verschwitzte Bühnenfetzen von deinem Sohn.
Binde ihn dir um die Nase und gib mir zehn Euro!"

Ich bin tatsächlich geneigt zu sagen:
„Meine Mutter würde jeden Preis bezahlen für einen Fetzen von
mir." Das sage ich aber nicht, weil das der Diskussion eine zusätzliche Schärfe verleihen würde.

Stattdessen bestehe ich darauf, die Atemmasken wenigstens
signieren zu dürfen. Die Oberfläche der Masken ist leicht gewellt
und nicht völlig glatt zu kriegen.

Deshalb rutscht mein weißer Edding-Stift ständig ab.
Einige Unterschriften sehen aus wie die von meinem Hausarzt.
Eine sieht aus wie Bata Illic und eine andere
wie Annegret Kramp-Karrenbauer.
Aber ich akzeptiere das.
Meine Frau wird weiterhin Atemmasken schneidern.
Wenn es sein muss, auch aus meinen neuen Bühnenhemden.
So lange, bis ich meinen Namen sauber und erkennbar auf die
Oberfläche bringe.

Wesensveränderungen und Sammelbilder

Heute Morgen habe ich die Terrasse mit dem Staubsauger
gereinigt. Plötzlich war mein Publikum wieder da.
Sie standen in Schlafanzügen und Bademänteln am Gartenzaun.
Alte Menschen und junge Familien mit ihren Kindern. Da fiel mir
auf, dass mir diese Gesichter doch alle sehr vertraut erscheinen.
Und im nächsten Moment war mir klar,
es handelt sich gar nicht um mein Publikum.
Es handelt sich um meine vollständige Nachbarschaft,
die wissen will, warum ich denn um halb sechs Uhr morgens
einen solchen Lärm veranstalten müsse.

Ich entschuldige mich, gehe ins Haus und frage meine Frau,
ob ich jetzt endgültig verrückt bin.
Sie beruhigt mich und meint: „Keine Angst.
Das ist nur ein ganz normaler blinder Aktionismus.
Ich habe gerade das Klo tapeziert."
Ich kann es erst nicht glauben. Dann betreten wir gemeinsam das
Klo. Von der Kloschüssel blickt man jetzt auf einen
Weißkopfseeadler im Sonnenuntergang an einem Strand,
an dem ein Harley Davidson-Motorrad steht und darüber
der Spruch: „Home is where your heart lives."

Irgendwie bin ich sehr stolz auf meine Frau.
Es ist schon großartig, welche Skills man sich mal eben locker über
Tutorials auf Youtube draufschaffen kann.

Allein die Tatsache, dass ich in nur einem Satz die Begriffe Skills, Tutorial und Youtube verwende, ist ein klares Zeichen für meine krasse Persönlichkeitsveränderung in den letzten Wochen.

Aber damit nicht genug. Es geht noch weiter.
Ich habe die Fotos, die ich an den letzten Abenden von meinem Handy auf den Computer gezogen habe,
nicht nur nach Jahren und Monaten sortiert,
sondern auch nach den Namen der darauf abgebildeten Menschen, in alphabetischer Reihenfolge.
Viele Fotos musste ich ausdrucken und mit der Schere die eine oder andere Person ausschneiden, weil sie nicht in meine Ordnung passte. Tante Annemarie kann einfach nicht neben Onkel Walter stehen, wenn ich auch noch ein Foto von meiner Cousine Bärbel einsortieren muss.

Und schließlich war ich heute im Supermarkt
und habe eine sensationelle Entdeckung gemacht.
Es gibt Sammelbilder! Sammelsticker für die EM 2020!
Es ist tatsächlich egal, dass dieses Turnier gar nicht stattfinden wird. Die Sammelbilder gibt es trotzdem.
Ich kann es gar nicht glauben. Seit 1982 besorge ich mir zu jeder EM und WM das Sammelheft eines großen Schokoladenherstellers. Ich war sehr in Trauer, als kürzlich die Europameisterschaft abgesagt wurde. Nicht, wegen der Spiele.
Nein, nur wegen der Klebebildchen.

Wobei ich zugeben muss: Ich bin gar nicht von selbst darauf gekommen. Es ist nur so, dass unser Jüngster bald Geburtstag hat und jedes Jahr macht ihm seine Mutter eine Torte
mit dem klangvollen Namen „Death by Kinderschokolade".
Unser Jüngster ist wahrlich kein Kind mehr.
Er ist schon längst größer und stärker als ich.

Deshalb finde ich seinen Tortenwunsch doch sehr albern, kindisch und unerwachsen. Aber alle zwei Jahre kommt das meiner Sammelleidenschaft sehr entgegen.

Meine Frau hat mich also losgeschickt, um die Zutaten für die Torte zu besorgen, und wenige Momente später stehe ich beglückt und tränenüberströmt an der Supermarktkasse. Endlich habe ich eine sinnvolle Betätigung für die nächsten Tage gefunden. Schokolade essen und Sticker einkleben.

Die Hefte sind in diesem Jahr umfangreicher als zuvor.
Der Schokoladenhersteller verfügt mittlerweile über eine größere Produktpalette und er achtet sehr darauf,
dass jedes Produkt sehr ausführlich konsumiert werden muss,
um das Heft vollständig bekleben zu können.
Ich halte das für gerecht!
Außerdem sorgt das für eine ausgewogene Ernährung
bei meiner gesamten Familie
und für eine konstante Coronawampe meinerseits.

Leider habe ich dabei einen ordentlichen Überschuss an Bildchen produziert. Viele Nationalspieler besitze ich drei- bis vierfach.
Jogi Löw sogar sechsmal.
Was soll das? Was will er von mir?
Früher hatte ich viele Interessenten im Freundes- und Familienkreis, die gerne mit mir Sticker tauschten.
Das ist vorbei. Ich bin der letzte Sticker-Mohikaner.
Deshalb habe ich meine Söhne, meinen Bruder
und zwei Freunde mit Sammelheften und meinen
überschüssigen Stickern beschenkt.

Trotzdem konnte ich damit keine Leidenschaft lostreten.
Das Zeug liegt unbeachtet auf Küchentischen herum.
Ich habe jetzt angefangen, auch hier die Bildchen einzukleben,
weitere Schokoladenartikel zu kaufen
und mit mir selbst zu tauschen.

Ich weiß nicht genau, wie ich das in nächster Zeit finanziell
stemmen soll. Vielleicht rede ich mit meiner Bank.
Die waren ja schon so freundlich, als wir uns noch einmal über die
Kredite für mein Haus unterhalten mussten.
Da dürfte meinen Sammelheften eigentlich nichts im Wege stehen.

The Phantom of my Hair

Heute haben die Friseure wieder geöffnet.
Schon am Samstag habe ich den Figaro meines Vertrauens
angerufen, um mit ihm einen Termin zu vereinbaren.
Und zwar einen zeitnahen Termin,
weil mich mein Beruf dazu zwingt.
Zwar habe ich zur Zeit nichts zu tun, aber so lange ich noch
meinen Beruf habe, nehme ich meine Haare sehr ernst.
Außerdem hatte ich große Angst, bald einmal schwer zu stürzen,
wenn ich wieder auf sie trete.

Allerdings gebe ich zu: Ich war oftmals doch recht erstaunt,
welch fantasievolle Gebilde man mit ausreichend Haarwachs,
Gel und Spray gestalten kann.
Einen Schwan, einen Stierkopf oder ein Fußballstadion.
Aber alle Gebilde hatten eines gemeinsam:
Sie wurden von mir gestaltet und ich kann das nicht wirklich gut.
Der Stierkopf sah oft so aus wie ein Schwan,
der ein Fußballstadion verschluckt hat.

Rüdiger, so heißt mein Friseur.
In Wirklichkeit heißt er natürlich nicht Rüdiger.
Er wäre sogar beleidigt, wenn er wüsste,
dass ich ihn an dieser Stelle Rüdiger nenne.
Ich möchte aber so weit wie möglich von seinem echten Namen
ablenken, um ihn vor einem zusätzlichen Ansturm zu schützen.

Denn er ist ein Großmeister seines Fachs.
Seit Jahren gehe ich ausschließlich zu ihm.
Er ist ein Garant für den stilsicheren Zuschnitt,
außerdem kann man mit ihm tolle Gespräche führen.
Er kennt sich aus in Politik, Sport und Medizin.
Ich möchte sagen:
Manchmal ersetzt er mir sogar meinen Hausarzt.
Fast jede seiner Diagnosen trifft zu.
Einmal konnte ich ihn gerade noch davon abhalten,
mir einen Nierenstein zu entfernen.
Auf seinem Werbeprospekt könnte stehen:
Waschen, schneiden, legen und Operationen aller Art.

Niemals würde ich mir von einem anderen ein Haar krümmen
lassen. Das weiß auch Rüdiger.

Er wirkte zunächst etwas zögerlich,
als ich ihn um einen Termin, gleich am heutigen Montag,
um 8 Uhr gebeten habe.
Kurz bevor ich enttäuscht aufstöhnen konnte,
riss er das Ruder aber noch einmal herum und meinte:
„Du, kein Problem. Da schieb ich dich rein. Das geht schon."
Und ich: „Ich will aber echt keine Umstände machen.
Nur, wenn's wirklich geht."
Und er: „Ehrlich gesagt,
würde es denn etwas später auch gehen?"
Und ich: „Ja klar. Wann denn?"
Und er: „So Anfang, Mitte August?" Und ich: „Was?!"
Und er: „Okay, dann am Montag um 8 Uhr.
Kein Ding. Wir kriegen das hin."

So war ich also heute um 8 Uhr pünktlich in seinem Salon.

Es waren viele Leute im Salon. Aber alle Abstands- und Hygiene-regeln wurden vorbildlich eingehalten. Das gesamte Personal trug die gleichen schwarzen Atemschutzmasken.
Von den Gesichtern waren wirklich nur die Augen,
Stirn und Ohren zu sehen. Auch ich trug meine Maske.
Von meiner Frau geschneidert.
Eine schicke Maske und ich bildete mir ein, sie riecht eindeutig nach dem Schweiß meiner alten Bühnenhemden. Egal.

Ich muss an der Anmeldung tatsächlich meinen Namen nennen, damit ich erkannt werde. Ein Augenpaar schaut mich freundlich an und hinter einer schwarzen Maske ruft der dazugehörige Mund:
„Rüdiger! Der Herr Altinger wäre jetzt da!"
Rüdiger kommt sofort auf mich zu.
Er verzichtet auf die übliche Herzlichkeit bei der Begrüßung.
Er nuschelt nur ein kaum hörbares: „Hallo. Servus."

Dann zeigt er mir einen Stuhl, auf dem ich mich niederlassen soll.
Ich setze mich und er fragt mich:
„So! Wie sollen wir denn schneiden?" das irritiert mich.
Diese Frage hat er mir seit Jahren nicht gestellt.
Leicht beleidigt antworte ich: „So wie immer?"
Und Rüdiger, leicht stockend:
„Gut, dann gehen wir doch erst mal zum Haarewaschen."

Habe ich schon erwähnt, dass Rüdiger jetzt langes, glattes, blondes Haar hat? Ein ganz neuer Stil.
Naja, wir haben uns wirklich sehr lange nicht mehr gesehen und es kann ja sein, dass er in der Zeit ein paar Selbstversuche durchgeführt hat.
Als er mich fragt: „Ist das Wasser so recht?",
fällt mir auf, dass seine Stimme doch eine sehr weibliche Färbung angenommen hat. Auch sein Duft hat wenig mit dem üblichen

herben Männerparfum zu tun. Eher süßlich.

Naja, vielleicht hat er beschlossen:

Eine höhere Stimme und ein anderer Duft passen einfach besser zu den langen, glatten, blonden Haaren.

Ja, ich denke, so wird das wohl sein. Friseure, das ist eben doch ein ganz eigener Menschenschlag.

Ich setze mich wieder an meinen Platz vor dem Spiegel.

Rüdiger trocknet mir die Haare und kämmt mich.

Dabei fällt mir auf, dass er jetzt Brüste hat.

Beachtliche, wohlgeformte Brüste.

Ich weiß, dass er ein großer Freund von Rotwein

und speziellen Bieren ist.

Im Bier stecken ja gewisse Östrogene und führen,

bei übermäßigem Konsum, zu lustigen Wölbungen an der männlichen Brust. Ich weiß das aus eigener Erfahrung.

Ich sage zu Rüdiger: „Na, habt ihr's euch gut gehen lassen während der Ausgangssperre?"

Und Rüdiger: „Ja, haha."

Er scheint nicht sonderlich gesprächig zu sein.

Ich rede einfach weiter: „Du, es tut mir wirklich total leid, dass du wegen mir so früh aufstehen hast müssen."

Und Rüdiger: „Ja, so früh habe ich schon lange nicht mehr angefangen."

„Ha!", schreie ich.

„Ich habe dich durchschaut! Du bist nicht Rüdiger!

Rüdiger ist leidenschaftlicher Frühaufsteher!"

Der angebliche Rüdiger antwortet:

„Doch, ich bin Rüdiger. Wer soll ich denn sonst sein?

Wir haben schließlich diesen Termin vereinbart."

„Aber woher hast du denn plötzlich diesen braunen Teint im Gesicht und diese strahlend blauen Augen?"

Und er ... sie ... es, keine Ahnung:

„Ich war beim Schifahren und hab jetzt gefärbte Kontaktlinsen."

„Das passt wohl besser zu deinen neuen, glatten, blonden Haaren, wie?" Die Antwort: „Ja, genau."

Okay. Das leuchtet mir ein. Das ist logisch.
Ich entschuldige und beruhige mich
und lasse mir weiter die Haare schneiden.
Ich beginne jetzt von meinem Leben zu erzählen
und schütte mein Herz aus. Wie ich das eben immer mache.
Ich spreche vom Älterwerden, von den süßen jungen Damen,
für die man doch so gerne nochmal interessant sein möchte und
von Erektionsstörungen. Sowas erzähle ich nur Rüdiger,
weil ich weiß, dass das unter uns bleibt und ich ihm voll und ganz
vertrauen kann. Es tut mir gut.

Allerdings merke ich dabei, dass sich sein brauner Teint allmählich
rötet und seine Augen feucht werden.

Als ich ihn frage: „Sag mal, geht's dir auch so,
dass dich ständig was am Hintern juckt?"
Da wird sein Teint plötzlich ganz weiß
und die Augen rötlich. Er wendet sich von mir ab.
Er verschwindet und kommt nicht wieder zurück.

Stattdessen erscheint eine andere Person mit schwarzer
Atemmaske. Sie hat kurze graubraune Haare,
riecht herb männlich und hat sehr flache Brüste.
Statur und Augenpartie erinnern mich sehr an den Rüdiger von
früher. Mit einer tiefen männlichen Stimme sagt diese Person:
„Mein Name ist Jessica, ich bin hier Auszubildende.

Darf ich Ihnen noch kurz den Nacken ausrasieren
und etwas Gel in Ihre Haare schmieren?"

Jessica macht das richtig gut.
Sie hat ihr Werk schnell erledigt.
Sie hat kräftige und doch feine Hände. Es ist einfach toll,
wie sie mir das Gel in die Haare knetet.
Dann geht sie mit mir zur Kasse. Ich bezahle und vereinbare mit ihr
sofort einen nächsten Termin in vier Wochen.
Ich bitte sie, Rüdiger erstmal nichts davon zu erzählen.
Ich werde es ihm selbst erklären, wenn ich wiederkomme.

Dienstag, 05.05.

Walk of fame

Um die Abstandsregel einzuhalten, werden in den Geschäften die
unterschiedlichsten Aufkleber auf den Boden gepappt.
Von einfachen gelben Strichen bis hin zu
zwei Fußspuren nebeneinander. „Ich finde,
das könnten doch die Fußspuren von richtigen Stars sein.
Weltberühmte Schauspieler und Musiker,
die diese Spuren auch noch unterschreiben.
Ganz feierlich mit viel Presserummel und Blitzlichtgewitter. Einen
kleinen ‚Walk of fame' könnte man gestalten."
Dachte ich mir neulich, im Aldi, als ich in der Schlange vor der
Kasse stand und auf den Boden starrte.
Die Idee gefiel mir so gut, dass ich sofort meinen Signierstift zog,
niederkniete und neben die beiden Fußspuren vor mir schrieb.
„Arnold Schwarzenegger."

Mir gefiel die Vorstellung, wie Arnie bei uns im Aldi einläuft,
vom Filialleiter und unserem Bürgermeister begrüßt wird
und sich dann, mit Hilfe zweier kräftiger Helfer,
vor dem Gurkenregal niederkniet,
auf den Boden seinen Namen schreibt und dann sagt:
„Es ist mir eine große Ehre, hier in Strunzenöd meine Spuren zu
hinterlassen. Arriva, arriva, baby." Dann würde ihm der Filialleiter
feierlich die Hand schütteln und sagen:
„Herr Schwarzenegger, sie meinten: Hasta la vista, baby."
Und Schwarzenegger würde antworten:
„Du hast recht, mein Freund. I'll be black."

Und dann würde er einen Geschenkekorb mit Dosentomaten, Gurkengläsern und frischen Lauchzwiebeln strahlend entgegennehmen.

Ich bin sehr zufrieden mit mir und überlege,
welche Musiker und Schauspieler ich ebenfalls würdigen könnte.
Neben das nächste Füßepaar schreibe ich: „Bata Illic."
Und neben das übernächste: „Annegret Kramp-Karrenbauer."
Annegret Kramp-Karrenbauer ist weder Schauspielerin
noch Musikerin. Aber mir gefällt die Vorstellung, wie sie,
genau aus diesem Grund, von der Security abgeführt wird,
wegen Erregung öffentlichen Ärgernisses.

Donnerstag, 07.05.

Walk of fame –
ein Nachspiel

Heute war ich wieder bei Aldi. Die Unterschriften neben den Fußabdrücken waren alle weggewischt. Ich war entsetzt.
Sofort gehe ich zum Filialleiter und beschwere mich.
Der entschuldigt sich und meint: „Aber dafür haben Sie uns mit Ihrer Aktion auf eine tolle Idee gebracht.
Nächste Woche kommt Oliver Pocher zum Unterschreiben und sieben Tage später Daniela Katzenberger."
Ich sage: „Donnerwetter, wie haben Sie denn die gekriegt?"
Und er meint: „Ganz einfach. Wir haben gesagt, Schwarzenegger war auch schon da."

Freitag, 08.05.

Ohrwurm-Folter

Wenn man länger aufeinanderhockt,
kommen irgendwann ganz neue Umgangsformen zu Tage.
Meine Frau und ich halten uns tapfer daran,
jeden Anflug von ernsthafter Aggression zu vermeiden
und haben dafür Ersatzhandlungen eingeführt.
Eine Ersatzhandlung, die allerdings mittlerweile vereinzelt
Aggressionen auslöst, heißt bei uns „Ohrwurm-Folter".
Dabei setzt man den Mitgliedern der Hausgemeinschaft zu den
unpassendsten Momenten eine bekannte Melodie mit Text in den
Kopf. Vorzugsweise verwendet man dafür Lieder,
die jeder im Haus kennt und sich einer möglichst großen
Unbeliebtheit erfreuen.

Mein Favorit war lange Zeit „Sailing" von Rod Stewart.
Ich habe dieses Werk ausgewählt, als mir meine Frau einmal
erzählt hat, wie albern sie den Song findet
und wie peinlich doch das dazugehörige Video ist.
„Da fährt ein zugedröhnter Engländer mit Matrosenkäppi,
langen blonden Haaren und viel zu stark geschminkten Augen bei
schlechtem Wetter vor New York durch den East River.
Und dann singt der mit seiner versoffenen Stimme vom Segeln.
Kein einziges Mal sieht man in dem Video ein Segel.
Das ist eindeutig ein Motorboot."

Von da an habe ich in den unpassendsten Momenten einfach den
Refrain angestimmt. Ich habe sie morgens damit geweckt, sie
abends damit in den Schlaf entlassen und vor jeder Mahlzeit habe

65

ich sie an beiden Händen genommen, ihr tief in die Augen geschaut und gesagt: „to be near you, to be free."

Meine Gehirnwäsche war sehr schnell von Erfolg gekrönt.
Tagsüber habe ich sie einige Male dabei ertappt,
wie sie das verhasste Lied leise vor sich hingesummt hat.
D. h. sie hat es selbst nicht bemerkt.
Erst durch mein breites, triumphales Grinsen fiel es ihr plötzlich
auf. Sie schimpfte und war ernsthaft beleidigt.

Die letzte Grenze hatte ich schließlich überschritten,
als ich ihr anhand einer Tonaufzeichnung mit meinem Handy
nachweisen konnte, dass sie das gesamte Lied unter der Dusche
laut und inbrünstig, aber offenbar unbewusst,
vor sich hingeschmettert hatte. Sogar beim Haaretrocknen hat sie
den Fön um ein Vielfaches übertönt. Ebenfalls unbewusst.

Sie musste dem Spiel dringend ein Ende setzen
und trat deshalb zum grausamen Gegenschlag an.
Mit einem Lied, das ich aus fast vergessenen Zeiten,
aus der Kirche, von Jugendgottesdiensten bestens kenne und in
den letzten Jahrzehnten erfolgreich verdrängt hatte.
Als ich wieder einmal anstimme: „I am sailing, I am sailing …",
da singt sie mir plötzlich entgegen:
„Jetzt ist die Zeit, jetzt ist die Stunde, heute wird getan oder auch
vertan, worauf es ankommt, wenn er kommt."

Es funktioniert sofort. Sie muss nicht weitersingen.
Das gesamte Lied entfaltet sich, wie von selbst,
von der ersten bis zur letzten Note in meinem Gehirn.
Mein Intellekt wehrt sich mit Händen und Füßen,
er schlägt wild um sich, aber der Impuls ist stärker.

Alle meine Synapsen brüllen jetzt im Chor:
„worauf es ankommt, wenn er kommt!
Der Herr wird nicht fragen, was hast du gespart,
was hast du alles besessen! Seine Frage wird lauten …"

Wie paralysiert stehe ich vor meiner Familie.
Meine Söhne und meine Frau grinsen mich breit an.
Meine Söhne kannten dieses Lied bis jetzt nicht.
Aber zum gegebenen Anlass sind sie bereit,
den Song zu googeln und auswendig zu lernen.

Seitdem passieren seltsame Dinge.
Ich sitze am Esszimmertisch und lese einen Bericht in der Zeitung
über weitere Hygienemaßnahmen in Deutschland.
Ich bin bestürzt, als ich erfahre, dass das Oktoberfest nun
endgültig abgesagt ist und denke an die Heerscharen von Bierzelt-
besuchern, die sich mit billiger Trachtenmode eingedeckt haben.
Wahrscheinlich werden demnächst säckeweise Kleiderspenden
beim „Roten Kreuz" abgegeben. Tonnen voll mit Trachten-
gewändern werden an Bedürftige verteilt.
Bald gilt die Tracht als die Kleidung der armen Leute.
Welche Auswirkungen wird das wohl haben auf die
Trachtenmodenindustrie?
Bzw. welche Kleidung werden die Leute nach Corona
in den Bierzelten tragen?
Bzw. werden sie überhaupt noch Kleidung tragen?

Ich verstricke mich immer weiter in einen Gedankensumpf,
da kommt meine Frau von der Seite,
täuscht einen liebevollen Kuss auf meine Wange an,
bremst ab, orientiert sich Richtung Gehörgang und:
„Jetzt ist die Zeit …"

Sofort vergesse ich, was ich eben gelesen habe,
und auch die Worte, die ich noch vor mir habe,
erreichen meine Hirnwindungen nicht mehr.
Stattdessen verwandelt sich das Foto,
das über dem Bericht abgebildet ist.
Ich sehe, wie sich Markus Söder, Angela Merkel
und Armin Laschet bei einer Pressekonferenz,
vor einer blauen Wand stehend, an den Händen nehmen,
langsam nach links und rechts schunkeln und trällern:
„Der Herr wird nicht fragen.
Wer wird neuer Kanzler? Wer lässt uns in den Urlaub verreisen?
Seine Frage wird lauten:
Wer hat hier Verstand, ist systemrelevant, um meinetwillen?"
Dann setzen sie sich gleichzeitig ihre Atemschutzmasken auf,
drehen sich nach rechts, gehen los und singen:
„Jetzt ist die Zeit, jetzt ist die Stunde." Dabei strecken sie ihre Arme
nach vorne und deuten damit eine Polonaise an.

Das macht mich fix und fertig.
Ich will in den Supermarkt fliehen und schreibe mir dafür extra
einen Einkaufszettel. Bzw. meine Frau diktiert mir,
was ich auf den Zettel schreiben soll.
Dann staffiert sie mich aus, mit Einkaufskorb,
Mundschutz und schwarzen Plastikhandschuhen,
setzt mich ins Auto und gurtet mich an.
Ich starte den Motor und will rückwärts auf die Straße rollen.
Da schau ich noch einmal zur Haustür. Da steht sie.
Sie grinst mich breit an und dann hält sie ein Schild hoch,
auf dem steht: „Keine Angst. Ich singe es nicht."

Sofort entspinnt sich das Lied in meinem Kopf
und ich habe die leise Vermutung: Genau das war ihre Absicht.
Dann kann ich mich an nichts mehr erinnern. Nur an ein Lied.

Meine Erinnerung setzt erst wieder an der Stelle ein, an der ich
wieder nach Hause komme und das Auto in die Garage fahre.
Ich öffne den Kofferraum und stelle fest:
Ich war definitiv nicht im Supermarkt. Keinen einzigen Artikel,
der auf dem Zettel aufgelistet war, habe ich gekauft.
Ganz offensichtlich war ich im Baumarkt. Denn vor mir liegen
Bretter, Balken, Schrauben und acht Säcke Blumenerde.

Meine Söhne kommen aus dem Haus und räumen die Sachen aus
dem Kofferraum in den Garten.
Sie sagen nichts, aber sie grinsen. Sie grinsen breit.

Habe ich schon erzählt, dass ich mich seit Wochen weigere,
ein Hochbeet in den Garten zu bauen? Überall in der Nachbarschaft werden gerade Hochbeete hochgezogen.
Irgendwann werden sie in die Geschichte eingehen,
unter Corona-Nebenwirkungen.

Ich halte es für würdelos, einfach im Strom mitzuschwimmen.
Es widerspricht meiner Ehre als Individualist und Künstler.
Umso größer war mir das Rätsel, wie es meine Frau geschafft hatte,
mich mit einem Ohrwurm in den Baumarkt zu manövrieren, um
die Materialien für ein Hochbeet zu besorgen.
Dann kam mir ein leiser Verdacht.

Sofort habe ich mir das Lied auf einem alten Tonband besorgt und
es rückwärts abspielen lassen. Schon nach wenigen Sekunden hört
man tatsächlich die Sätze:
„Bau ein Hochbeet, du faule Sau.
Tu es für deine Frau! Sonst verschenkt sie deinen Weber-Grill."

Seitdem habe ich Angst. Noch ist das Hochbeet nicht gebaut.

Vorsorglich habe ich mir Wachs in die Ohren gestopft,
das Handy auf Vibrationsalarm gestellt, mich in den
Heizungskeller eingeschlossen und mich an die Rohre gekettet.
Ich fühle mich wie Odysseus vor der Insel der Sirenen.
Mir muss etwas einfallen. Mir muss dringend etwas einfallen!

Samstag, 09.05.

Ohrwurm-Folter – ein Nachspiel

Noch immer sitze ich im Heizungskeller. Ständig werde ich durchgeschüttelt vom Vibrationsalarm meines Handys. Inzwischen würde ich gerne rangehen. Leider hatte ich zuvor nicht bedacht, dass das nicht möglich ist, wenn man an Rohre gekettet ist. Aber das gönne ich meiner Familie. Sie sollen sich Sorgen machen. Ernsthafte Sorgen.

Meinen Ohrwurm bin ich losgeworden. Ich habe ihn erfolgreich bekämpft mit einem neuen Lied. Einem Lieblingssong von mir. „Drops of Jupiter" von Train. Ich hänge an den Heizungsrohren und gröle: „She listens like spring and she talks like June, hey, hey, hey, hey." Mir fällt auf, dass ich mir noch nie richtig Gedanken über diesen Text gemacht habe. „Sie hört zu wie Frühling und sie spricht wie Juni, hey, hey, hey, hey." Wie muss ich mir das vorstellen? Was meint der Herr Train? Was ist das für eine durchgeknallte, schräge Frau, in die er da verliebt ist? Und dann macht er auch noch ein Soja-Getränk für sie. Damit will ich nichts zu tun haben. Ich will dieses Lied sofort wieder aus meinem Kopf verbannen. Es geht nicht. Wieder einmal. Es ist so weit. Ich werde verrückt. Endgültig. Ich werde verrückt …

Plötzlich wird die Tür des Heizungskellers aufgetreten
und ein Sondereinsatzkommando der Polizei steht vor mir.
Die Beamten erkennen mich sofort. Ich fühle mich geschmeichelt.
„Die Welt vergisst ihre Helden eben nicht."
Gerade will ich meinen Signierstift zücken und Autogramme
geben, als ein SEK-Beamter sagt:
„Ja klar, das ist doch der bekiffte Künstler,
der vor einem Monat 17-mal mit 150 Sachen durch die gleiche
Radarfalle gefahren ist, weil er unbedingt mal wieder ein
Blitzlichtgewitter erleben wollte."

Ich fühle mich ertappt, erniedrigt und missbraucht.
Aber meine Frau begegnet mir nun anders.
Sie schaut tatsächlich erschüttert drein.
Das krasse Gegenteil eines breiten Grinsens.
Später erfahre ich, dass sie aus lauter Verzweiflung bei der Polizei
angerufen hatte. Sie gab vor, dass sie vermutet,
ihr Mann betreibe im Heizungskeller ein kleines Drogenlabor.
Nur, damit jemand kommt, der die schwere Tür aufsprengt.

Das bewegt mein Herz. Es rührt mich.
Tränen stürzen über meine Wangen.
Nicht zuletzt, weil mir der SEK-Beamte erklärt,
welche Kosten dieser Einsatz verursacht hat.
Tränenerstickt will ich sagen: „Aber auf den Hubschrauber hätte
man doch verzichten können."
Das sage ich aber nicht, stattdessen wische ich die Tränen aus dem
Gesicht und finde wieder zu Haltung und Würde.

Ich verlasse den Heizungskeller aber erst,
nachdem sich die SEK-Beamten dazu überreden lassen,
dass ich ihre Helme signiere. Wieder einmal bin ich mit der
Rundung der Schreiboberfläche überfordert.

Auf allen Helmen steht jetzt: Bata Illic.

Dann hat mir meine Frau, gemeinsam mit den Söhnen,
mein Lieblingsessen gekocht.
Fischstäbchen mit Ketchupnudeln. Sie hasst dieses Essen.
Aber heute macht es ihr nichts aus. Das rechne ich ihr hoch an.
Die Stimmung ist bestens. Es ist schön, dass wir uns alle wieder-
haben. Bemitleidenswert ist doch wirklich jeder,
der keine solche Familie hat. Wir betrinken uns und tanzen dabei
erleichtert und fröhlich durch das Wohnzimmer.
Im Radio läuft „Wind of change" von den Scorpions.

Meine Frau wird plötzlich sehr ernst und meint:
„Tut mir leid, aber ich hasse dieses Lied.
Da will ich doch lieber auf Nummer Sicher gehen."
Dann schaltet sie um auf spotify. Irgendein Sampler mit
spanischem Gitarrengedudel. Ohne Text.

Montag, 11.05.

Schlafen in der Krise

Bis gestern war schönstes Wetter und fast schon Sommer.
Heute regnet es und ich friere wie ein nackter Schifahrer.
Ich fühle mich richtig niedergebügelt
und falle zurück in den übelsten Grundfehler,
den man als kreativer Mensch überhaupt machen kann.
Sich vor den Computer zu setzen und zu sagen:
„So. Jetzt schreib mal was richtig Gutes!"

Das ist der beste Startschuss hinein in einen Sumpf von Zweifel
und Selbsthass. Auf Knopfdruck kreativ sein?
Wer schafft das? Da fällt mir eigentlich nur Thomas Mann ein.
Der soll angeblich an jedem Vormittag vier Stunden geschrieben
haben.
Sein Tag war auf die Minute genau durchgetaktet.
Kreativ nach Stundenplan. Ich habe das Buch zwar nie gelesen,
aber ich wage dennoch die vorsichtige Behauptung:
„Die Buddenbrooks" haben auch ihre Längen.

Ich bin müde, aber ich spüre eine große Unruhe in mir.
Ich bin nervös und würde mich aber am liebsten einfach nur
hinlegen. Passt das zusammen?
Kann man gestresst sein, wenn man müde ist und nichts tut?
Was ist da los mit mir? Sofort rufe ich meinen Hausarzt an.
Der meint tatsächlich, dass „gestresst sein" nicht unbedingt
mit „viel zu tun" zusammenhängen muss.
Oft verursacht das Gefühl, „nichts tun zu können",
den weitaus größeren Stress.

Sehr viele Leute erleiden sogar einen „Burn-out" beim Nichtstun.
Gerade in Krisenzeiten, wie wir sie gerade erleben.

„Das ist es!", rufe ich ins Telefon. „Ich habe einen Burn-out!"
Mein Arzt fragt mich, ob er mir gleich mal ein paar Brausestäbchen
vorbeibringen soll.
Mit Brausestäbchen hat er mich in den letzten Jahren
stets erfolgreich behandelt. Egal, welche Krankheit.
Sie haben mich immer geheilt.
Spätestens, wenn er mir die Rechnung serviert hat.
Ich renne zu meiner Frau.
„Hast du gehört! Ich habe einen Burn-out!", verkünde ich und
merke nicht, wie lebendig und stolz ich gerade vor ihr stehe.

Meine Frau meint:
„Oh, da weiß ich eine gute Beschäftigungstherapie.
Du könntest ein Hochbeet bauen. Alles, was du dafür brauchst,
liegt ja schon seit Tagen im Garten rum."
Ich bin restlos beleidigt und auf der Stelle wieder müde.
Ich will nichts mehr und ich will auch nirgends mehr hin.
Nicht mal zu Aldi.

Ich will nur noch in mein Büro, an meinen Computer
und mir wieder leid tun. Um mein Büro zu erreichen,
muss ich allerdings einige Treppenstufen überwinden.
Um dafür ausreichend Kraft aufzubringen, brauche ich Kaffee.
Viel Kaffee. Literweise.
Ich mache ihn sogar selbst. Ich erhitze das Wasser,
ich fülle den Filter mit Pulver und übergieße es mit dem
erhitzten Wasser. Es tröstet mich, denn es fühlt sich nach
sinnvoller Arbeit an.
Ich verspüre einen leichten Hauch von innerem Antrieb.

Wer weiß, vielleicht werde ich heute sogar noch mein Bett auf-
schütteln und dann mein Handy mit einem Ladekabel verbinden.
Ich bin sehr gespannt.

Der Kaffee schmeckt … viel zu süß.
Ich hatte ihn etwas aufgepeppt,
mit Zucker und zwei Dosen Red Bull.
Ich gebe zu: Das ist nichts für Kenner.
Aber es verleiht mir einen angenehmen Hauch von Verruchtheit,
Dallmayr Prodomo geschändet zu haben.

Ich schütte das Teufelsgebräu in mich hinein und merke,
wie sich meine innere Unruhe rasch verstärkt.
Ich beginne zu schwitzen, meine Gliedmaßen zucken.
Und mein Kopf?
Er bleibt genau so fad und müde wie zuvor. Der dumme Hund.
„Mach doch ein kurzes Nickerchen. Und dann beginnst du den Tag
einfach noch mal ganz von vorn", meint meine Frau
und ich merke nicht, dass sie mich und meine schlechte Laune
einfach nur für ein paar Stunden loswerden will.

Schon liege ich auf der Couch. Alles in mir zuckt und arbeitet.
Mein Magen und mein Gedärm geben jetzt Geräusche von sich,
die eine ganze Kuhherde in einen Abgrund treiben könnten.
Aber ich schlafe ein. Zu meinem persönlichen Erstaunen.
Der Schlaf gestaltet sich aber ganz und gar nicht erholsam.

Ich träume. Ich träume sehr deutlich. Viel zu deutlich.
Ich stehe hinter einer Bühne.
Ich höre, wie ein Moderator sagt:
„Die Seuche ist vorbei und er ist wieder da!"
Ich höre einen vollen Saal. Menschen, die johlen und klatschen.
Ganz ohne Mundschutz und Mindestabstand.

Der Moderator sagt meinen Namen,
ich zupfe mir mein Hemd zurecht und gehe los,
der Weg wird immer länger und länger,
als wäre ich auf einem Laufband,
das sich immer schneller bewegt.
Ich spurte. Ich spurte und irgendwie weiß ich: Die Bühne erreiche
ich erst, wenn mein Schrittzähler 25 000 anzeigt.
Ich schaffe es nicht. Stattdessen habe ich mich verlaufen.
Ich bin im Wald. Von überall höre ich mein Publikum. Es pfeift.
Es pfeift „Wind of change" von den Scorpions.
Ich finde das ungerecht, weil es ein Ohrwurm ist,
den ich eigentlich noch heute meiner Frau einpflanzen wollte.
Ich protestiere und mein Publikum erwidert:
„Sei still, sonst machen wir weiter mit
‚Last Christmas' von Wham." Ich protestiere.
Mein Publikum singt „Last Christmas" von Wham.
Jetzt schreie ich. Ich schreie mit letzter Kraft
und Gott sei Dank wecke ich mich damit selbst.

Ich öffne die Augen und bin schon wieder müde.
Richtig müde. Müder als zuvor. Ich gehe ins Bett.
Und morgen werde ich es nicht verlassen,
nicht bevor mir nicht mindestens drei brauchbare Seiten einfallen,
die ich nur noch in den Computer prügeln muss,
und danach werde ich mich wohl auf die Couch legen
und warten, bis ich wieder zu Bett gehen kann.
So wird das ewig weitergehen.
Und auf meinem Grabstein wird stehen:
„Jetzt liegt er schon wieder." Gute Nacht.

Dienstag, 12.05.

Singen und Hände waschen

Es begann damit, dass ich als pflichtbewusster Bürger den Empfehlungen des Gesundheitsministeriums gefolgt bin und mir u. a. mehrfach täglich die Hände wasche.
Es wird empfohlen, währenddessen zweimal „Happy Birthday" zu singen. Damit würde man garantiert jeden Virus im Keim ersticken. Das nehme ich ernst und halte mich streng daran.

Allerdings mit einer kleinen Variation.
Ich singe das Lied nicht zweimal, sondern nur einmal.
Dafür aber in einer etwas ausgedehnten Version.
Nämlich so, wie es Marilyn Monroe für John F. Kennedy gesungen hat. Ich singe dabei laut, um den Wasserhahn zu übertönen und – gemäß der Empfehlung des Gesundheitsministeriums – fünfmal am Tag.

Ich gebe zu: Dabei überkommt mich mein eigener Pathos oftmals mit einer solchen Wucht, dass ich dabei völlig vergesse, die Hände zu waschen. Deshalb beginne ich, nicht selten, das Lied noch einmal von vorne.
In unserer Toilette, bei gekipptem Fenster.
Ich will es eigentlich viel lieber geschlossen halten.
Aber da ist mit meiner Frau nicht zu reden:
„Wenn du aufs Klo gehst, ist das Fenster, spätestens beim Händewaschen, immer gekippt. Punkt. Keine Diskussion."

Das ist wohl der Grund, warum sich sehr bald die Nachbarschaft
bei uns telefonisch gemeldet hat.
„Wer ist denn bitte diese Wahnsinnige, die bei Euch,
den halben Tag so übertrieben sexy ‚Happy birthday' brüllt?
Und dann auch noch für den Präsidenten?"

Ich hab mich ein bisschen geschämt
und entschuldigte mich sofort mit einer kleinen Halbwahrheit.
Ich sagte, es handle sich um eine Dame vom Gesundheitsamt,
die mir dieses Lied als Audio-Datei zugeschickt hat,
nachdem ich ihr erklärt hatte, Schwierigkeiten zu haben,
zwei Dinge gleichzeitig zu tun. Singen und Hände waschen.

Ein Nachbar zeigte Verständnis, meinte aber dann:
„Aber warum muss denn das schon wieder Englisch sein? Haben
wir in Bayern keine eigenen Lieder? ‚Häbbi börsdai',
das kann man doch auch auf Deutsch singen."
Seitdem höre ich ihn mehrfach am Tag:
„Zum Geburtstag viel Glück … zum Geburtstag,
Herr Ministerpräsident, zum Geburtstag viel Glück."
Ich kann allerdings nicht mit Sicherheit sagen,
ob er sich dabei die Hände wäscht.
Er stimmt das Lied eigentlich immer nur dann an,
wenn er die Dame vom Gesundheitsamt hört.

Ein junges Ehepaar aus der etwas entfernteren Nachbarschaft
findet das furchtbar konservativ und albern.
Gemeinsam mit ihren Kindern halten sie jedes Mal dagegen:
„Wie schön, dass du geboren bist, wir hätten dich schon sehr
vermisst. Wie schön, dass wir beisammen sind.
Wir gratulieren dir, Geburtstagskind."
Und aus einer anderen Ecke schallt aus einer Stereoanlage
von Stevie Wonder: „Happy Birthday to ya, …"

Die gesamte Siedlung dreht inzwischen durch,
wenn ich mir die Hände wasche.
Von den Hunden in den Vorgärten ganz zu schweigen.
Ich halte das nicht mehr lange aus.

Meine Frau meint: „Dann spar dir doch mal das Hände waschen
und nimm einfach nur das Desinfektionsspray.
Das tut's doch auch!" Von Desinfektionsspray bekomme ich aber
spröde Haut und nach mehrfacher Benutzung werde ich davon
sehr besoffen und verletze jede Abstandsregel.
Außerdem gibt es vom Gesundheitsministerium keine Empfehlung,
welches Lied man dazu singen soll.

Mittwoch, 13.05.

Auftritte vor Blech

Ich folge vielen Kollegen in den sozialen Netzwerken
und ich sehe, einige treten wieder auf.
Die stehen wieder auf einer echten Bühne.
Das Publikum besteht allerdings zum größten Teil aus Blech.
In dem Blech sitzen tatsächlich Menschen, vermute ich mal.
Die Kollegen treten also neuerdings im Autokino auf.

Eine lustige Idee, aus der Not geboren.
Es wird gehupt und geleuchtet statt gelacht und geklatscht.
Du stehst vor einer großen Leinwand, auf der man dich gleichzeitig
noch einmal sehen kann und die Zuschauer hören dich in ihren
Wägen über einen Radiokanal.

Die Kollegen bedanken sich jedes Mal in den sozialen
Netzwerken, wie großartig diese Auftritte sind
und welch sensationelle neue Erfahrungen man gerade macht.
Nebenbei bemerkt: Ich habe noch nie von einem Kollegen gelesen,
der geschrieben hätte, wie beschissen doch sein letztes Gastspiel
gelaufen ist.
Und dann die ganze Katastrophe vielleicht noch belegt mit einem
vielsagenden Selfie von der Bühne:
Verzweifelt heulender Künstler im Vordergrund,
am Bühnenrand ein paar Typen mit Baseballschlägern und dahinter ein riesiger Parkplatz mit vier kaputten Opel Kadett.

Ich werde niemals im Autokino auftreten.
Dafür habe ich viele Gründe.

Mir reicht schon allein die Tatsache, dass ich in meinem aktuellen Bühnenprogramm doch einige Seitenhiebe gegen Porsche- und Audifahrer eingebaut habe.
Was wird wohl passieren, wenn die jetzt alle kommen und die ersten Reihen vollparken?

Abgesehen davon: Ich glaube, ich kann mich auf einer Bühne sehr einsam fühlen, wenn ich nicht sehe,
ob mir jemand zuhört oder im Fahrzeug selber quatscht.
Ich will wissen, wer mich mag und sich auf mich gefreut hat
oder wer eher ins Auto gezerrt und zu mir verschleppt wurde
und nur gegen Lösegeld wieder nach Hause gebracht wird.
Ich würde mich unendlich einsam fühlen.
Es würde mir nicht einmal helfen, wenn ich meine Eltern,
meine Tante Lore, Onkel Schorsch und meine Frau neben mich auf
die Bühne setzen würde.
Auch nicht, wenn sie Kaffee und Kuchen dabei hätten.

Ich würde frieren, ich würde zittern.
Und dann die Höchststrafe:
Die Leute steigen wortlos aus ihren Wägen,
würdigen mich keines Blickes und gehen zu Fuß nach Hause.

Ich spiele nicht im Autokino.
Außerdem kenne ich gar kein Autokino.
Ich war selber noch nie in einem Autokino.
Ich kenne Autokinos nur aus dem Kino.
Amerikanische Filme, die in den 50er/60er Jahren spielen.
Da sind die ins Autokino gefahren.
Junge Männer mit viel zu viel Gel in den Haaren und zerquetsch-
tem Gemächt in der hautengen Jeans.
Und junge Mädchen mit Spitzbusen-BH und Petticoat.
Die sind ins Autokino gefahren.

Die wollten da aber keinen Film anschauen.
Ich habe in diesen Filmen nie gesehen,
dass da irgendjemand einen Film anschaut.
Die haben da ganz andere Sachen gemacht.
Wildeste Sachen, wovon man das meiste hinterher aus dem
Film wieder rausschneiden musste. Da bin ich mir ganz sicher.

Und jetzt soll ich da also auftreten?
Wenn ich mir da nochmal das Durchschnittsalter meines
Publikums bewusst mache, wird mir angst und übel.
Wobei: Die würden wahrscheinlich die Sitzheizung einschalten
und einschlafen.
In meinem Publikum sitzen sicher einige Leute,
die in ihren jungen Jahren im Autokino waren.
Damals haben aber die Eltern noch genau bestimmt,
welche Filme angeschaut werden dürfen.
„Ben Hur", „Spartakus" und „Die 10 Gebote".
Falls der Pfarrer nachfragt.

Meine Eltern haben im Autokino mindestens 10-mal
„Die 10 Gebote" gesehen.
Ich habe sie gefragt: „Und? War der Film schön?"
Da hat meine Mutter gemeint:
„Das weiß ich nicht. Aber er hatte Überlänge."
Dass Charlton Heston der Hauptdarsteller
in „Die 10 Gebote" ist, das weiß mein Vater von mir.

Es ist zwar nicht bestätigt, aber ich habe die starke Vermutung,
beim fünften Gebot wurde ich gezeugt.
Schauen Sie sich mal den Film „Die 10 Gebote" an.
Sie werden feststellen: Er hat einen leichten Rotstich.
Ich glaube, da ging im Autokino jedes Mal so dermaßen die Post
ab, dass sich der Film geschämt hat.

Dienstag, 19.05.

Söder-Mania

Ich erkenne mich nicht wieder.
Ich werde immer noch mehr zum Söder-Anhänger.
Auch aus meinem Kollegenkreis höre ich immer mehr Stimmen,
die meinen: „Früher fand ich den Typen echt gefährlich.
Aber in der momentanen Situation brauchst du einen,
der mit klaren Worten sagt, wo's langgeht.
Da gibt's tatsächlich grad keinen besseren."
Das sagen die Kollegen. Und am Ende hängen sie dann
immer noch einen Satz mit dran:
„Sag bitte keinem, dass ich das gesagt hab."

Ich glaube, Söder ist momentan der Einzige,
der wirklich erfolgreich im Autokino auftreten könnte.
Und zwar überall. Bundesweit.
Seine Auftritte wären ausverkauft und die Leute würden ihre
Karossen vorher noch extra für ihn aufpolieren.
Bei jeder Halbpointe gäbe es ein freudiges Hupkonzert.
Und kein Mensch würde nachfragen, ob er sich seine Texte
vielleicht irgendwo zusammengeklaut hat.
Er könnte mit meinem Kabarettprogramm auftreten
und meine schärfsten Kritiker würden ausrufen:
„Wahnsinn! Wie intelligent, wie kritisch und pointiert!
Da sollte sich der Altinger mal eine Scheibe abschneiden!"

Söder wäre der Einzige, dem ich glauben würde,
wenn er hinterher auf Instagram postet:
„Es war großartig! Danke an alle, die gestern da waren

in Strunzenöd! Was für eine tolle Erfahrung!
Ich liebe Autokinos! Danke, Corona!"

Welch grandioser Rhetoriker,
welch beneidenswerter Selbstvermarkter.
Neulich hat er bei einer Pressekonferenz erzählt,
dass ihm ein kleines Mädchen geschrieben hätte,
sie wäre so traurig wegen der Ausgangsbeschränkungen
und sie hoffe so sehr, dass der Herr Ministerpräsident
alle richtigen Weichen stellt.
Er hat das Mädchen persönlich angesprochen. Direkt in die Kamera
hat er geschaut und „Liebe Leonie" gesagt.

Noch vor wenigen Wochen wäre ich an dieser Stelle an die Decke
gegangen und hätte durchs Wohnzimmer gebrüllt:
„Was für ein billiger PR-Trick. Fehlt nur noch, dass er einer
Krankenschwester die Füße wäscht. Pass auf!
Morgen steht in der Zeitung: ‚Söder tröstet kleines Mädchen'.
Wollen wir wetten?! Mir ist jetzt schon ganz schlecht!"

Stattdessen war ich ehrlich gerührt.
Söder spricht zu einem kleinen Mädchen. Er nimmt sie ernst.
Er spricht zur Unschuld und versichert ihr Schutz.
Oh, ich möchte auch ein kleines Mädchen sein.

Ich bekam feuchte Augen. Meine Frau brachte mir meine
Schmusedecke, bettete mein Haupt darin und meinte:
„Wann habe ich dich zuletzt so erlebt?
Ich glaube, es war bei ‚Titanic', ‚Forrest Gump'
und als der TSV 1860 München in die 3. Bundesliga aufgestiegen
ist."
Sie hatte Verständnis für meine Tränen und trocknete sie.

Auch als ich am nächsten Tag die Zeitung aufschlug
und las: „Söder tröstet kleines Mädchen!"

Er hat mein Herz erreicht, weil er so echt ist und unverstellt.
So warmherzig, so väterlich, so souverän.
In keinem Fall wirkt er präsidial oder machtversessen.
Wer so spricht wie Markus,
der kann kein eiskalter Karrierist sein.
Ich bin so dankbar für diesen Ministerpräsidenten.
Noch immer verspricht er glaubhaft, in Bayern zu bleiben.
Weil er seine Heimat liebt und ihr dienen will.

Ich möchte das nicht. Denn ich sehe höhere Aufgaben für ihn.
Wer, außer Söder, könnte Deutschland durch diese schweren
Zeiten navigieren. Er ist mein „Coronakanzler".
Ich bin mir sicher: Wenn er so weitermacht, dann wird er
irgendwann seine Empfänge auf Schloss Herrenchiemsee abhalten,
mit dem gesamten bayerischen Kabinett.

Ich sehe ihn, wie er die Bundeskanzlerin im Spiegelsaal
vorladen lässt und nachdem er ihr mitgeteilt hat,
dass man in Bayern doch so vieles richtiger macht
als im restlichen Deutschland,
wird die Kanzlerin es wagen und sagen:
„Bayern hat einen guten Ministerpräsidenten."
Das wird er verbuchen unter:
„Zu wenig gelobt ist zu viel beleidigt."
Dann schaut er noch einmal kurz auf seine Umfragewerte und
entlässt die Kanzlerin aus ihrem Amt.
Er überreicht ihr einen schwarzen Bikini und lässt sie
zurückschwimmen ans Festland.
Neuwahlen werden überflüssig, weil seine Beliebtheit in ganz
Deutschland zu offensichtlich ist. Damit spart er den öffentlichen

Kassen enorm viel Geld, das man dringend für die Rettung der Lufthansa braucht.

Anschließend wird er die EU-Ratspräsidentschaft übernehmen, Europa endlich vereinen, zu einer Wirtschafts- und Wertegemeinschaft und schließlich zu einer Monarchie.
Und ich werde sein Hofnarr sein.
Auf Schloss Versailles werde ich nur für ihn auftreten und seinen Hofstaat. Ich werde Witze machen über Aiwanger, Seehofer, Laschet, Merz etc. Er wird sich biegen vor Amüsement und ich freue mich schon jetzt auf meinen abschließenden Sketch, in dem ich Andreas Scheuer eine Torte ins Gesicht schleudere und sage: „Mit Tempolimit wäre das nicht passiert!"

Mittwoch, 20.05.

Heilender Horror

Heute wäre ich auf einer meiner Lieblingsbühnen aufgetreten.
Wieder steigt Schmerz in mir auf und Entzugserscheinungen.
Bevor ich aber wieder anfange zu halluzinieren,
flüchte ich mich freiwillig in meine Vergangenheit.
Und zwar in den grausamen Teil meiner Vergangenheit.

Ich tauche ein in die schlimmsten Auftritte und
Bühnensituationen, die ich Gott sei Dank schon hinter mir habe.
Sie sollen mich jetzt trösten.
„Sei froh, dass dir heute sowas nicht passieren kann."
Sage ich mir. „Du kannst von Glück reden,
dass du daheim sein darfst, in Sicherheit bist
und heute Abend mit der nächsten Netflix-Serie starten kannst."

Meine liebste persönliche Bühnenkatastrophe
liegt fast 25 Jahre zurück. Ich erinnere mich:
Es war im obersten Stockwerk im Hotel „Bayerischer Hof"
in München. Dort befindet sich ein Swimmingpool.
Vor diesem Pool war eine Bühne für mich aufgebaut
und zu den Seiten des Beckens standen, auf Stehtischen,
die allerersten Aufklapp-Computer,
die ich in meinem Leben zu Gesicht bekam.
Damals schrieb ich meine Texte noch auf einer
halbmechanischen Schreibmaschine,
die mein Vater aus seinem Büro aussortiert hatte.

Ich war begeistert von den neuen Geräten und gut vorbereitet
für eine exklusive Präsentation der Firma Apple,
die damals noch ein Geheimtipp unter Computer-Nerds war.
Wobei es damals den Begriff „Nerd" noch gar nicht gab.
Es handelte sich um verpickelte Typen mit spärlichem Bartwuchs,
die im Normalfall in Jogginghosen und Kapuzenpullis anzutreffen
waren.
Zum gegebenen Anlass trugen sie allerdings Anzüge
und wirkten wie aufgeregte Konfirmanten,
die den Weg zur Toilette nicht finden.

Um die Atmosphäre etwas aufzulockern, hatte man,
in weiser Voraussicht, einen lustigen Kabarettisten gebucht.
Ich hatte mir ein paar Spezialpointen in mein Programm
gezimmert und ich war sehr gespannt auf die Reaktionen des
Fachpublikums.

So stehe ich auf der Bühne, vor einem gefüllten Pool
und an den Beckenrändern stehen leibhafte Prä-Nerds
– mit anderen Worten: die Säbelzahntiger
unter den Computerfreaks –,
die wie verzaubert auf die neuen Bildschirme starren
und die restliche Welt um sich verloren haben.

Ich singe ein Lied, mit dem Titel:
„Ein scharfes Luder ist mein Compuder."
Der einzige Mensch, der mir zuhört, ist der damalige CEO für
Apple in Bayern. Er steht mir gegenüber am anderen Pool-Ende
und neben ihm stehen ein paar nervöse Begleiter.
Ich singe: „Hey Pickelgesicht, du willst nur Pornos schaun."
Während ich spiele, verwandelt sich der Mund des CEOs
immer mehr zu einem dünnen Strich und ich singe:

„Du lebst bei Mama unterm Dach
und legst nur Cola-Flaschen flach.“
Der CEO flüstert seinen Begleitern etwas zu, was diese noch
nervöser macht. Ich mache meine Lieblings-Pointe:
„So und jetzt schmeißen wir alle die Computer in den Pool
und lassen es mal so richtig krachen.“

Da werde ich von der Seite angezischt.
Es ist der nette Mann, der mich für diesen Abend engagiert hat.
Er ist jetzt sehr rot im Gesicht und hat genauso viele Pickel
wie seine Gäste. Seine Stimme klingt schrill und panisch:
„Hey! Hau ab! Hau ganz schnell ab!“
Ich verstehe erst nicht, was er genau meint. Er zischt weiter:
„Hinter der Bühne ist eine Tür! Schnell raus!“
Offenbar hat er sehr laut gezischt. Denn der gesamte Saal hat
seine Aufmerksamkeit auf die Bühne gerichtet, als er brüllt:
„Hau ab! Der bringt mich um!“
Durch die Hintertür, über den Saunabereich konnte ich mich aus
dem Hotel „Bayerischer Hof“ schmuggeln und ungesehen die Stadt
verlassen. Die Gage für diesen Auftritt war die höchste,
die ich bis zum damaligen Zeitpunkt kassiert hatte.
Und noch heute bin ich der Meinung:
Ich habe sie mir absolut verdient!

Ich war noch Student und ziemlich unerfahren in Bühnensachen.
Ich wusste nicht, welche Voraussetzungen zu sicheren
Katastrophen führen.
Das wusste auch der nette Mann nicht,
der mich für diesen Auftritt engagiert
und die Gage für mich ausgehandelt hatte.
Wenige Wochen zuvor hatte er mich nämlich in einem
Jugendzentrum erlebt.
Die Stimmung an diesem Abend war fantastisch.

Eine Symbiose aus Bühne und Publikum.
Er dachte, das geht auch mit Pool, Computern und mit Leuten,
die absolut nichts von mir wissen wollen. Das dachte ich auch.

Danach war ich schlauer und etwas reicher.
Diese Katastrophe hatte also zumindest ein Happy End.
Ich verfüge aber auch über Katastrophen ohne Happy End.
Eine davon hat sich ein paar Jahre später zugetragen.
Die Voraussetzungen für den Auftritt waren eigentlich bestens.
Guter Sound, gutes Licht, ausverkaufter Saal
und alle kamen wegen mir.

Da besucht mich der veranstaltende Wirt in meiner Garderobe:
„Michi, ich muss vor dir auf die Bühne gehen
und mein Publikum begrüßen. Ist das in Ordnung?"
sagt er und es scheint ihm wirklich ein sehr ernsthaftes
Anliegen zu sein. Er meint:
„Ich verspreche, es wird nicht länger dauern
als drei Minuten. Ich bin hier der Gastgeber,
wir haben ein volles Haus und da gehört das einfach zum guten
Ton, dass ich ein paar Worte spreche,
weil das die Zuschauer auch von mir erwarten."
Ich bin felsenfest davon überzeugt, dass das kein
einziger Zuschauer von ihm erwartet, aber ich sage:
„Okay, wenn es nur drei Minuten sein sollen,
dann habe ich da kein Problem."
Und er: „Hoch und heilig versprochen. Drei Minuten,
wahrscheinlich mach ich's sogar noch kürzer."
Er schüttelt mir die Hand und schaut mir fest in die Augen.

Dann stelle ich mich hinter die Bühne und warte auf meinen
Auftritt. Plötzlich höre ich, wie es ganz still wird im Saal.
Durch einen schmalen Spalt im Vorhang sehe ich:

Der Raum ist dunkel und ein Spot ist auf die Bühne gerichtet.
Aus den Lautsprechern ertönt Andrea Bocelli mit „Time to say
goodbye". Der Wirt erscheint im feinsten Trachtengewand.
Er setzt sich mit bedeutungsschwerer Miene in den Spot
auf den vorderen Bühnenrand und schaut ins Publikum.
Andrea Bocelli verstummt und es herrscht eisige Stille.
Der Wirt lässt die Stille noch etwas wirken
und kurz bevor die ersten Zuschauer erfrieren,
spricht er in sein Handmikrofon:
„Leut, hört's mir zu, ich muss euch was erzählen.
Letzte Woche ist meine Mutter gestorben.
Über 40 Jahre hat sie bei uns in der Küche ihren Mann gestanden
und war die gute Seele in unserm Haus.
Mama, du warst immer ein großer Fan von dem Künstler,
der jetzt gleich unsere Bühne betritt.
Mama, von oben schaust uns zu.
Ich wünsch dir jetzt ganz viel Vergnügen mit Michael Altinger!"
Tief bewegt von seinen eigenen Worten verlässt er den Bühnen-
rand und der Abend kann beginnen.
Sein Auftritt dauerte tatsächlich keine drei Minuten
und meiner gefühlte drei Tage.

Konferenzen im Homeoffice

Am Vormittag hatte ich eine Telefonkonferenz zur Vorbereitung einer Fernsehsendung. Es ist schön, die Stimmen der Kollegen zu hören und tatsächlich schleicht sich das Gefühl ein,
man würde in einer Runde beieinandersitzen.
Ich schließe die Augen und stelle mir unseren Konferenzraum vor, in dem wir sonst immer sitzen, bei Kaffee und Süßkram.
Ich finde, dieses Gefühl lässt sich ausschließlich über Akustik herstellen. Jeder Bildschirm, jede Kamera würde mich empfindlich dabei stören.

Videokonferenzen lehne ich inzwischen kategorisch ab.
Weil ich keine Lust habe,
mir für den Bildhintergrund wichtige Weltliteratur in den Bücherschrank zu stellen, die ich nur deshalb besitze,
weil sie mir von Leuten geschenkt wurde,
die mir ihren Intellekt um die Ohren hauen wollten.
„Kuck mal, ich habe hier was Feines, von T. C. Boyle.
Der zieht so richtig schön runter.
Das ist ein toller Ausgleich zu Satire und Comedy.“

Das Buch „Unter Leuten“ von Juli Zeh wurde mir von drei verschiedenen Freunden geschenkt.
Jeweils mit dem gleichen Begleitsatz:
„Macht sich gut bei Videokonferenzen.“ Seitdem fällt mir auf:

Es gibt genau zwei Werke, die man im Fernsehen bei Experten-Interviews über Skype immer im Hintergrund entdeckt:
„Unter Leuten" von Juli Zeh und die „Bibel" von Gott.
Und nicht selten stehen da noch weitere Bücher von Juli Zeh.
Ich denke, Gott sollte mal wieder ein Buch schreiben,
wenn er nicht bald verdrängt werden will.

Natürlich könnte ich für Videokonferenzen auch einen anderen
Hintergrund wählen als meinen Bücherschrank.
Ich besitze aber keinen anderen Hintergrund.
Im letzten Jahr haben wir nämlich unser Haus renoviert
und wir sind uns bis zum heutigen Tage noch immer nicht
schlüssig, wo was hinkommen soll.
Deshalb sind da überall nur langweilige weiße Wände,
aus denen traurige Drähte ragen, die auf Lampen warten.
Der einzige Raum, der in meinem Haus einen annehmbaren
Hintergrund böte, wäre die Speisekammer.
Die nutze ich aber bereits für diverse Sketche im Fernsehen.
Ich würde ein ziemlich eindimensionales Bild
meiner Lebenswelt zeichnen,
wenn ich sie auch noch für Konferenzen verwende.
Die Menschheit wäre sich einig: „Der liest nix. Der frisst bloß."

Ich mache Konferenzen nur über Telefon.
Das ist viel praktischer, weil sich die lästige Frage nach dem richtigen Bildhintergrund erst gar nicht stellt.
Außerdem kann niemand sehen,
was ich alles so nebenher erledige.
Z. B. Liegestütze. Nicht viele, aber immerhin.
Oder Online-Überweisungen oder E-Mails schreiben.
Wobei ich dabei höllisch aufpassen muss,
dass sich unter den Mail-Adressaten niemand befindet,
der gerade mit mir per Telefon konferiert.

Ist mir kürzlich passiert.

Ein Kollege erzählt gerade in der Konferenz-Runde,
was er an der nächsten Fernsehproduktion ändern
und verbessern will, da ploppt bei ihm eine Nachricht
auf seinem Bildschirm auf, von mir: „Hallo Freunde,
habt ihr eventuell Interesse an meiner alten Heckenschere?
Sonst stell ich sie auf ebay. Hab gerade nachgeschaut.
Eine richtig gute Heckenschere kriegst du da
nicht unter 50 Euro. Meldet euch einfach bis heute Nachmittag,
gern auch über Telefon. Momentan ist es schwierig.
Befinde mich in einer richtig langweiligen Telko. Gähn."

Eine schlimme Verschwörung

Ich weiß wirklich nicht mehr, wie das passieren konnte.
Ich wollte einfach nur die große, gläserne Ketchupflasche
wegräumen, da hat mir der Kühlschrank mit irgendeinem
Schubfach die Flasche aus der Hand geschlagen.
Anders ist dieses Malheur nicht zu erklären.

Ich sehe es noch einmal deutlich vor mir:
Die Flasche zerschellt ungebremst auf dem Steinboden.
Eine Riesensauerei aus Tomatenbrei und Glassplittern.
Normalerweise hätte ich sofort meinem Fluchtreflex nachgegeben.
Ich wäre aus dem Haus gerannt,
hätte mich ins Auto gesetzt und wäre über Österreich
nach Italien in die Toskana gefahren,
dort hätte ich mich mit feinstem Rotwein beruhigt
und mir nach einer Woche überlegt,
wen ich wohl anrufen und bitten könnte,
sich eine Lösung für mich und mein Problem zu überlegen.
Aber leider sind die Grenzen noch immer geschlossen und auf die
Schnelle fällt mir einfach kein zweiter Fluchtweg ein.

Ich stehe da und überlege: „Wenn ich jetzt mein Publikum hätte,
wie würde es wohl reagieren?" Es würde erst einmal lachen.
Es würde meinen, es ist alles so gewollt und eindeutig Teil der
Show. Eine lustige Slapstick-Nummer. Ich überlege kurz,
ob ich auch alle übrigen Sachen aus dem Kühlschrank schmeißen,

dann ausrutschen, blöd hinfallen und nach mehrfachen,
erfolglosen Versuchen, mich wieder aufzurichten,
auf allen Vieren ins Wohnzimmer krabbeln soll.
Die Sauerei wäre dann zwar exorbitant,
aber Gelächter und Applaus wären mir ebenfalls sicher.

Während ich so dastehe und überlege, stelle ich fest:
Ich habe tatsächlich Publikum. Meine Frau.
Sie steht neben mir.
Sie steht da schon die ganze Zeit
und hat meinen Denkprozess genau beobachtet.
Sie grinst mich breit an, hat die Arme vor der Brust verschränkt
und meint: „Bis Österreich könntest du kommen.
Italien wird schwierig." Ich grinse souverän zurück und sage:
„Es gibt immer auch einen zweiten Weg."
Da wird sie plötzlich streng und erwidert:
„Mach bloß keine blöde Nummer draus."
Ich bleibe souverän und stelle aber schnell fest:
Sie folgt auch meinen weiteren Denkprozessen,
denn jetzt sagt sie: „Und deine Mutter kann auch nicht kommen
und die Sauerei wegräumen. Sie ist Risikopatient."

Alles klar. Wir befinden uns in schwierigen Zeiten.
Und schwierige Zeiten verlangen nach innovativen
und außergewöhnlichen Ideen.
Draußen beginnt es bereits zu dämmern, als mir einfällt:
Schaufel und Besen ... das wäre eine Option.
Ein feuchter Lappen ... das wäre die andere.

Im nächsten Moment wird mir klar: Beides ist Schwachsinn.
Auf dem Boden hat sich nämlich überall Ketchup verteilt
und sich mit Glassplittern vermengt.

Wenn ich also Schaufel und Besen verwende,
dann ist der Besen hinterher mit Ketchup versaut.
Er wäre hoffnungslos verschmutzt
und hätte keine Zukunft mehr.
Wenn ich einen feuchten Lappen verwende, laufe ich Gefahr,
mir die Hand an einem Glassplitter aufzuschlitzen und
jämmerlich zu verbluten.

Das Problem gestaltet sich immer komplexer.
Und das Einzige, was in diesen Tagen gegen
komplexe Probleme helfen kann, ist …
eine anständige Verschwörungstheorie.
Sofort schreie ich durch die Küche: „Bill Gates!"
Meine Frau schreit zurück:
„Um Gottes willen! Was ist mit Bill Gates?!"
Und ich brülle weiter: „Es ist doch logisch: Bill Gates überflutet die
Welt mit Glasketchupflaschen und Kühlschränken,
die dir die Flaschen aus der Hand schlagen. Warum?
Weil er einen speziellen Tetanus-Impfstoff entwickelt hat,
ganz speziell für Infektionen mit Tomatensäure.
Er wartet nur darauf, bis sich die ganze Welt Glasketchupflaschen
besorgt hat und dann gibt es Zwangsimpfungen.
Nur damit Bill Gates noch mehr Geld verdient,
mit dem er sich dann die WHO komplett unter den Nagel reißt.
Das Schwein."
Meine Frau meint: „Aber das ergibt doch überhaupt keinen Sinn!"
Darauf setze ich mir einen Aluminiumhut auf und sage:
„Und genau das ist der Beweis.
Die wollen doch, dass wir verwirrt sind, und dann schlagen sie zu.
Sie haben schon lange einen Plan und sie werden uns versklaven.
Sie werden uns zu entrechteten und willenlosen Dienern machen."
Meine Frau meint: „Das stimmt doch gar nicht."

Und ich: „Das kann nur jemand sagen, der sich nicht
ausreichend informiert hat." Darauf meine Frau:
„Und wo, bitteschön, hast du dich so genau informiert?"
Und ich: „Das weiß ich jetzt nicht mehr.
Aber genau das ist doch der Beweis!"
Meine Frau packt mich jetzt, sie schüttelt mich:
„Auf der Stelle räumst du jetzt die Sauerei vom Boden weg,
du durchgeknallter Schmarrnkübel!"

Jetzt fällt mir wirklich nichts mehr ein.
Aber zum Ausgleich bin ich jetzt etwas beleidigt.
Ohne die Zustimmung meiner Frau einige ich mich mit mir,
den Staubsaugerroboter fahren zu lassen.
Wenn der durch die Sauerei fährt, dann ist er echt selber schuld.
Ich bleib da ganz sachlich und nüchtern.
Immerhin hat er noch ein Jahr Garantie.

01.06., Pfingstmontag

Zu viel Freiheit und Freundlichkeit

Großen Menschenansammlungen gehe ich grundsätzlich aus dem Weg. Es sei denn, ich darf vor dieser Menschenmasse stehen und meine Arbeit tun.
Allein wenn ich mir vorstelle, mich mittendrin zu befinden, bekomme ich schlimmste Zustände.
Ausflüge machen, an einem Tag,
an dem die gesamte Welt ebenfalls Ausflüge macht?
Das wäre für mich noch schlimmer, als bei einem Hersteller für Staubsaugerroboter anrufen zu müssen und ihm zu erklären, wie sich das Gerät, ganz von alleine, mit Ketchup und Glassplittern das Leben genommen hat
und ich jetzt auf der Stelle ein Ersatzgerät verlange.

Aber heute ist der erste schöne Tag,
seitdem die Ausgangssperren gelockert wurden.
Und der Berg ruft, ich möchte sagen: Er brüllt!
Und meine Frau hört das! Und sie handelt verdammt schnell.
Gerade als ich heftig protestieren will, da merke ich:
Sie hat mich bereits mit Rucksack
und Treckingschuhen ins Auto gepackt.

Die Wanderparkplätze sind restlos überfüllt. Das freut mich.
Gerade will ich die Dame auf dem Fahrersitz triumphierend angrinsen, da rennt plötzlich eine glücklich strahlende Frau auf

uns zu und meint, sie würde ihren Parkplatz für uns frei machen
und schenkt uns sogar ihren Parkschein.
Immer mehr strahlende Menschen kommen jetzt auf uns zu
und wollen uns mit ihren Parkscheinen beschenken.

Meine Frau möchte dieser Freundlichkeit in nichts nachstehen
und drückt jedem fünf Euro in die Hand.
Ich meine, ganz so selbstlos wären diese Leute dann doch nicht.
Schließlich sei es schon zwei Uhr nachmittags
und die ersten fahren wieder heim. „Wir kriegen die Parkzettel
doch nur, weil sie sonst eh keiner mehr braucht."
„Ich finde das trotzdem sehr freundlich", fällt sie mir ins Wort und
drückt einem Kind einen 10-Euro-Schein in die Hand.
„Aber der hat uns doch nicht einmal einen Parkschein gegeben.
Für 10 Euro könnten wir hier vier Tage parken", sage ich.
Darauf meine Frau: „Aber der Kleine freut sich so schön."
Und ich: „Wir wollten uns doch auf der Hütte eine Brotzeit kaufen.
Man kann da nicht mit Karte zahlen."
Sie lächelt und meint: „Ich hab uns vier hartgekochte Eier
eingepackt. Zwei für mich, zwei für dich."

Ich unterdrücke die ersten Tränen und ergebe mich meinem
Schicksal. Auf dem Weg kommt uns eine endlose Karawane von
glücklich strahlenden Wanderern entgegen.
Ausnahmslos alle grüßen uns herzlich.
Bis auf ein paar Münchner, die grundsätzlich nie grüßen.
Aber immerhin kann ich einige Gesprächsfetzen aufschnappen,
denen ich entnehme, dass sie fröhlich fachsimpeln
und fröhlich schlauer sind als der Rest der Welt.

Amüsiert erzählt man sich Geschichten,
über die man sich vor wenigen Tagen noch echauffiert hätte:

„Stell dir vor, mein Freund hat ein Puzzle mit 10 000 Teilen gemacht. 10 000 Teile, nur Beige.

Keine Landschaft, kein Bauwerk. Einfach nur Beige."

Alles lacht. Noch vor wenigen Wochen hätte man wohl eher eine sorgenvolle Miene aufgesetzt und gesagt:

„Oh Gott, so weit ist es schon gekommen? Pass auf!

Als nächstes baut er noch ein Hochbeet."

Mir kommt das alles sehr suspekt und unwirklich vor.

Da hilft es auch nichts, dass ich hin und wieder erkannt werde.

Es streichelt mein Ego nicht wirklich.

„Mei, Sie waren doch früher mal dieser Komiker.

Wie geht's Ihnen denn heute?

Was machen Sie denn beruflich?" Einige bieten mir an, mir einen Parkschein zu spendieren.

Meine Frau ist gerührt und ich kann gerade noch verhindern, dass sie die Leute mit hartgekochten Eiern beschenkt.

Am Gipfel entdecke ich tatsächlich Chinesen.

Sie sind gut gelaunt und erleichtert, in diesen Zeiten in Bayern zu sein und nicht in China oder in Amerika, wo man glaubt, das gesamte chinesische Volk hätte sich in einem Labor getroffen und dort ein Virus gegen die westliche Welt gezüchtet. Wobei man die Sache natürlich erst einmal kritisch hinterfragt hatte:

„Stop! Moment mal. Alle Chinesen? In einem Labor?

Ist das überhaupt möglich?

Wie viele Menschen leben eigentlich in China?"

Und blöderweise hat dann einer gesagt:

„Keine Ahnung.

Aber fragen wir doch einfach mal unseren Präsidenten."

Ich stehe am Gipfel und verneige mich vor den asiatischen Besuchern. Ich grüße sie, mit einem herzlichen: „Co ro na!"

Die Chinesen lachen und grüßen zurück.

Beim Abstieg sehen wir wieder Menschenmassen.
Sie stehen in ewig langen Schlangen,
um in einer Almhütte Speisen und Getränke zu bestellen.
Eine Herzlichkeit, eine Fröhlichkeit,
eine große Lust, sich auszutauschen.
Am Ausschank wuselt ein fröhlicher Hüttenwirt,
der hinter seiner Atemmaske beinah erstickt, aber glücklich.

Jeder saugt die Atmosphäre gierig in sich auf,
als wäre ihm völlig bewusst,
dass dieser Zustand nicht mehr lange andauern wird.
Ich denke, deshalb werden auch die Mindestabstände
nicht richtig eingehalten,
weil man insgeheim auf die zweite Welle hofft.

Denn am Ende einer zweiten Welle wird es wieder Ausgangs-
lockerungen geben und wenn die Leute dann erneut so einen
ungezwungenen Umgang miteinander finden, dann darf man
sich schon jetzt auf die dritte und vierte Welle freuen.

Ich verstehe jetzt auch, warum es so viele Impfgegner gibt.
Sollten wir ab dem nächsten Jahr über einen wirksamen Impfstoff
verfügen und alle lassen sich das Zeug verabreichen,
dann werden wir nie wieder diese Herzlichkeit und Freude am
Miteinander erleben.

Ich möchte wirklich niemandem die Stimmung versauen,
aber ich muss an meine Zukunft denken.
Bereits eine zweite Welle könnte meine Bühnenkarriere
endgültig vernichten. Bei aller Freude an dieser
gelebten Nächstenliebe, ich muss sie verhindern.

Ich zücke meinen alten Ausweis vom Bücherclub Strunzenöd, halte
ihn in die Luft und sage laut:
„Gesundheitsamt, Sie sind alle verhaftet! Bilden Sie sofort
Zweier-Reihen mit jeweils 1,50 Meter Abstand, lassen Sie sich
von uns ins Tal führen, fahren Sie nach Hause und begeben
Sie sich dort so lange in Quarantäne, bis Sie weitere
Anweisungen von uns erhalten.
Meine Kollegin, Frau Doktor Schmidt-Weißenfels,
und ich danken für Ihre Aufmerksamkeit.“

Ich beuge mich zu meiner Frau und flüstere:
„Doppelnamen sind wichtig, sonst nimmt dich keiner ernst.“
Es ist still. Alle starren uns an. Und dann machen sie alle wieder
weiter. Als wäre nichts gewesen.
Nur eine ältere Dame kommt auf meine Frau zu und meint,
sie kenne eine Susanne Schmidt-Weißenfels,
die wäre Familientherapeutin in München-Schwabing.
Ob man denn irgendwie verwandt oder verschwägert sei.
Meine Frau lächelt die Dame an und sagt:
„Ja. Meine Schwester.“
Die Dame bittet uns, doch herzlich zu grüßen.
Sie selbst wäre Heilpraktikerin, Logopädin und Elfenforscherin.
Natürlich hat sie auch einen Doppelnamen.
Aber zusätzlich noch vier Vornamen. Als sie uns den vierten
Vornamen nennt, beschließt mein Kurzzeitgedächtnis,
auch alles vorher Genannte wieder zu vergessen.

Die Dame verlässt uns
und ich beuge mich zu meiner Frau und flüstere:
„Wieso sagst du denn, dass das deine Schwester ist?“
Und sie: „Das habe ich für dich getan.
Sonst nimmt dich keiner ernst.“

Ich überlege, ob ich meiner großen Ansprache vor der Hütte noch
einmal Nachdruck verleihen sollte.
Irgendwas in Richtung: „Ihr folgt mir jetzt hinab ins Tal,
sonst lasse ich hier die Nationalgarde aufmarschieren."

Da stehen plötzlich die fröhlichen Chinesen wieder vor mir.
Sie haben Zweier-Reihen gebildet und möchten jetzt von meiner
Frau und mir ins Tal geführt werden.
Sie sprechen fließend Deutsch und meinen:
„Wir finden diese Aktion zwar etwas seltsam,
aber wir sind es einfach nicht gewöhnt,
uns irgendeiner staatlichen Behörde zu widersetzen."

Wir geleiten die Chinesen bis zum Wanderparkplatz.
Dort verabschieden sie sich höflich und meinen,
sie wären sehr hungrig, ob wir denn ein Lokal in der
näheren Umgebung empfehlen könnten.
Ich nenne ihnen mehrere Gasthöfe, schaue auf mein Handy
und sehe, dass noch nicht alle wieder geöffnet haben.
Wir können leider keinen sicheren Tipp geben
und deshalb beschenkt meine Frau die Chinesen mit vier
hartgekochten Eiern.

Dienstag, 02.06.

E viva la Abstandsregel

Wir haben Freunde eingeladen zu uns in den Garten.
Ein bisschen Kaffee, ein bisschen Grillen.
Sich freuen, dass man sich wiederhat.
Und mich hat noch eine zusätzliche Freude erfüllt.
Eine ganz neue Freude.
Die Freude, auf eine angenehme Distanz zueinander.

Ich bin froh, dass dieses Bussi-Bussi und Umarmen
beim Begrüßen und Verabschieden endlich vorbei ist.
Zumindest so lange, bis ein Impfstoff gefunden ist.
Das kann bekanntlich noch dauern
und damit stehen die Chancen nicht schlecht, dass man
die alten Gepflogenheiten vielleicht gänzlich vergisst.

Für alle Zeit bliebe ich davor verschont, dass Freunde,
Bekannte und Unbekannte ihre Brüste an mich drücken,
mir auf den Rücken klopfen oder ihn sogar reiben.
Eine liebe Freundin bestand immer auf ein Dreifach-Bussi.
Linke Wange, rechte Wange und nochmal linke Wange.
Für Ungeübte ein höchst gefährliches Unterfangen, bei dem man
sich ein Schädel-Hirn-Trauma oder einen Nasenbeinbruch oder
eingespeichelte Gehörgänge zuziehen konnte.

Um endlich Herr der Lage zu werden,
habe ich vor einiger Zeit begonnen,
von selbst aktiv zu umarmen und zu küssen.
Ich wollte derjenige sein, der die Aktion steuert.

Denn nichts ist schlimmer, als bei einer allzu
herzlichen Begrüßung der passive Part zu sein.
Ein hilfloses Beutetier, den bösen Wölfen ausgeliefert,
zum Erdrücken und Befeuchten.

Dank Corona haben sich die Umgangsformen drastisch geändert.
Ich freue mich für meine Mitmenschen,
dass sie mir jetzt völlig angstfrei begegnen können.
Glücklich strahlend reckt man mir einen Ellenbogen entgegen
und rempelt ihn gegen den meinen.
Daran erkennt man heute den vorbildlichen Deutschen:
an der Ellenbogen-Begrüßung, am Mundschutz,
Einhaltung vom Mindestabstand
und verrotzten Ärmeln vom „In-die-Armbeuge-Husten".

Ich muss an Erich Honecker denken.
Der Staatsratsvorsitzende der DDR war sicher kein geborener
Umarmer und Küsser. Er tat mir jedes Mal fast leid,
wenn er dem sowjetischen Staatsoberhaupt begegnen musste.
Denn das war immer verbunden mit einem innigen und langen
Kuss auf den Mund. Die Bilder von diesem „Bruderkuss"
gingen um die Welt und in mein Langzeitgedächtnis.
Dieser dünne, graue Herrscher,
dessen ganze Körpersprache brüllt:
„Hilfe! Tut doch bitte jemand den Mann da weg. Verdammt,
ich hasse den Sozialismus und die russische Küche!"
Und auf der anderen Seite der Sowjet-Chef Leonid Breschnew,
dessen ganze Körpersprache verrät:
„Junge, wenn ich einmal kurz ansauge, dann bist du weg."
Ich bin mir sicher, Honecker hatte vor jeder dieser Begegnungen
viele schlaflose Nächte und seine Frau Margot hat ihn beruhigt:
„Entspann dich, mein Lieber.

Ich ess jetzt eine Knolle Knoblauch und trinke eine Flasche Wodka und dann üben wir das Ganze nochmal."

Ich bin überzeugt, niemand hätte sich über die Corona-Hygienebestimmungen mehr gefreut als Erich Honecker.

Mittwoch, 03.06.

Krisengewinnler

In letzter Zeit rufe ich öfter mal meinen Hausarzt an
und bitte ihn um einen Termin.
Seine Antwort ist jedes Mal die Gleiche:
„Ja klar. Komm doch gleich vorbei."
Und ich sage dann: „Sorry, mir fehlt gar nix.
Ich wollte nur wissen, wie's bei dir so läuft."

Mein Hausarzt ist nämlich auch ein guter Bekannter von mir
und bei guten Bekannten sollte man sich,
gerade in schwierigen Zeiten, zwischendurch auch mal melden.
Ich bin da sehr treu.

Es geht ihm wie den meisten niedergelassenen Ärzten.
Die Patienten kommen nicht, weil sie Angst haben,
sich in der Praxis anzustecken bzw.
einem Corona-Infizierten einen Termin wegzunehmen.
Es gibt offenbar nur noch eine einzige Krankheit auf der ganzen
Welt und viele Praxen bekommen das schmerzhaft zu spüren.

Ich bin wirklich nicht schadenfroh, aber es ist einfach schön,
Leidensgenossen zu haben.
Mein Hausarzt findet das nicht ganz so schön,
aber ich fühle mich ein wenig getröstet.
Außerdem habe ich noch eine kleine Rechnung mit ihm offen,
denn vor ein paar Jahren hat er mich tatsächlich einen
Hypochonder genannt und mich von da an nur noch mit
Brausestäbchen behandelt.

Immerhin hat er mir erklärt, dass ein Hypochonder-Dasein der
sicherste Weg sei zu einem langen und gesunden Leben.
Ich habe ihm verziehen, aber es nagt an mir.
Was steht dann, bitteschön, später mal auf meinem Grabstein?
„Only the Weichei dies old!"

Ich rufe gerade sehr viele Bekannte an,
denen es ähnlich geht wie mir und meinem Hausarzt.
Den Wirt von meiner Stammkneipe z. B.
Der sagt, er könnte kotzen,
dass jetzt alle Gutscheine bei ihm kaufen wollen.
„Und wenn ich dann meinen Laden wieder aufmache und endlich
Geld verdienen könnte, dann kommen die alle
und halten mir ihre Gutscheine unter die Nase.
Hurra, ich bin gerettet."

Natürlich verkauft er trotzdem Gutscheine,
um seine Stammkundschaft nicht zu verärgern
und ihnen ein gutes Gefühl zu geben.
Die Leute wollen eben nicht nur abends auf den Balkon gehen und
für Pfleger und Krankenschwestern klatschen.
Da verbraucht sich die Gewissensbefriedigung schon
nach wenigen Wochen.
Aber wenn man zwischen den Appläusen auch mal mit einem
Gutschein wedeln kann, dann erzeugt man zwar kein Geräusch,
aber man verschafft sich einen moralischen Mehrwert.

Ich habe auch einen Gutschein bei ihm gekauft.
Aber ich habe ihm versprochen, dass ich ihn erst einlösen werde,
wenn Pfleger und Krankenschwestern besser bezahlt und
weniger beklatscht werden.
Da war er sehr gerührt und voller Hoffnung.

Es gibt aber auch Leute, die ich nicht mehr anrufe.
Die ganzen Krisengewinnler. Die gibt es nämlich auch.
Leute, die wegen Corona mehr Geld verdienen als zuvor.
Mich nervt aber nicht, dass sie finanziell besser dastehen als ich.
Nein, mich nervt das schlechte Gewissen dieser Leute
und dass sie sich ständig bei mir entschuldigen müssen.

„Sorry, ich arbeite in der Bauindustrie."
„Es tut mir echt leid, aber ich entwickle Verpackungskonzepte für
Lebensmittelkonzerne."
„Die IT-Branche ist leider gerade wichtig.
Wenn ich die Netzwerke zwischen den Firmen nicht am Laufen
halte, dann geht hier garnix mehr. Ich kann da auch nix dafür."

Ich bin jedes Mal versucht, diese Leute in die Arme zu schließen,
ihnen auf die Schulter zu klopfen und zu sagen:
„Hey komm. Das wird schon wieder.
Auch für dich kommen sicher irgendwann mal wieder
richtig schlechte Zeiten."

Kürzlich entschuldigte sich sogar mein Postbote bei mir:
„Sorry, dass ich heute so spät dran bin,
aber ich habe grad richtig viel zu tun."
Ich frag ihn: „Bekommst du wenigstens mehr Geld für
deine Mehrarbeit?" Und er: „Nein, aber mehr Urlaub.
Tut mir echt leid."

Niemand muss sich bei mir entschuldigen!
Es ist halt momentan, wie es ist.
Eine Pandemie verschiebt nun mal das Gleichgewicht in
Gesellschaft und Wirtschaft. Da gibt's Verlierer und Gewinnler.
Keiner ist da selbstverschuldet reingerutscht.

Kein Gewinnler muss sich dafür schämen und sich heimlich
Swimmingpools kaufen.

Der Absatz von Swimmingpools ist in den letzten Wochen rasant
gestiegen. Die Autobahnen sind überfüllt mit LKWs,
die Pools auf ihrer Ladefläche transportieren.
Lebensmittel und Swimmingpools, andere Güter werden heute
nicht mehr auf der Straße befördert.
Überall werden tiefe Löcher in den Gärten ausgehoben,
für Schwimmbecken und Speisekammern.

Krisengewinnler wollen eben gut essen
und sich dabei ein Urlaubs-Feeling geben.
Von den Mehreinnahmen könnte man sich durchaus
eine Fernreise in die Karibik mit der ganzen Familie leisten.
Leider ist das gerade nicht möglich, ohne anschließend für nicht
mindestens zwei Wochen in Quarantäne geschickt zu werden.
Tja, dann tröstet man sich eben mit leckeren Tapas und
einem 25-Meter-Becken. Nur zur Überbrückung.
Oder was Kleineres, dafür aber mit Gegenströmungsanlage.

Ein Bekannter von mir, der hat nicht mal einen richtigen Garten.
Der hat sich den Pool auf sein Garagendach gebaut,
mit Gegenströmungsanlage. Der schwimmt täglich 5000 Meter,
auf der Stelle. In einer Woche schwimmt der
durch den Ärmelkanal, auf der Stelle.

Und währenddessen macht er über „Babbel" Sprachkurse.
Stöpsel in die Ohren, ab in den Pool und übermorgen
kann der Spanisch. Wenn der auf dem Rücken schwimmt,
dann übt er auch noch Gitarre.
Seine Frau ist wieder richtig heiß auf ihn.

112

Vor Corona sind die von einem Paartherapeuten zum nächsten gerannt. Die hatten sich schon auf einen mehrjährigen Scheidungskrieg eingerichtet. „Wenn du das Haus kriegst, will ich die Kinder und den Hund." Solche Sprüche habe ich von denen gehört. Noch einen Tag vor dem Lockdown.
Ich hatte schon begonnen, zwischen den beiden zu vermitteln:
„Teilt euch doch alles auf", hab ich gesagt.
„Klare Gütertrennung und einen Anwalt.
Das ist doch die beste und billigste Lösung."
„Okay", hat seine Frau gesagt.
„Wir verkaufen das Haus und jeder kriegt die Hälfte
und ein Kind dazu. Den Hund kann er haben.
Den Anwalt nehme ich."

Jetzt planscht der seit zwei Wochen auf seinem Garagendach
rum und alles ist wieder gut.
Er singt verdammt falsch zu seiner Gitarre,
aber sein spanischer Akzent gleicht das wieder aus.
Damit prahlt der vor mir rum,
aber natürlich entschuldigt er sich jedes Mal, der Sack.
Ich habe ihm gesagt: „Hey. Ist alles kein Problem für mich.
Aber darf ich dir demnächst mal meinen Hausarzt und den Wirt
von meiner Stammkneipe vorbeischicken?
Der eine will sein Latein auffrischen und der andere spielt leidenschaftlich Akkordeon und Dudelsack."

Meine Frau meinte, ich solle mich doch bitte benehmen,
und dann fing sie an zu fantasieren:
„Und wenn wir dein Auto verkaufen, dann könnten wir doch auch
so was Kleines für dich in den Garten …"
Dieses Hirngespinst konnte ich ihr austreiben,
mit nur einem Satz: „Da kommt ein Hochbeet hin!"

Ziemlich allerbeste Freunde

Ich habe großen Respekt vor Hunden. Seit meiner Kindheit.
Ich kann mich aber zusammenreißen.
Dann ist allerdings kein normales Gespräch mehr mit mir
möglich, weil ich meine volle Konzentration benötige
fürs Zusammenreißen. I. d. R. stehe oder sitze ich dann
stocksteif da, lächle saudumm und gebe Grunzgeräusche von mir.
Viele Hundebesitzer werten das als freundliche Zustimmung
und fühlen sich ermuntert, mir die gesamte Lebensgeschichte ihres
Hundes zu erzählen. Und dann noch die eigene.
Es kam schon vor, dass ich von Hundebesitzern so lange
zugetextet wurde, bis ich laut schreien musste,
weil die Krämpfe in Waden und Rücken und
Gesichtsmuskulatur nicht mehr zu ertragen waren.
So viel zur Vorgeschichte.

Heute war ich zum ersten Mal wieder in meiner Stammkneipe.
Alle Tische waren im vorgeschriebenen Abstand aufgestellt,
überall stand Desinfektionsspray und sobald man sich von seinem
Platz erhob, hat man brav seine Atemmaske aufgesetzt.

Die Freude war grenzenlos, endlich die vertrauten Gesichter
wieder in echt und analog erleben zu dürfen.
Ein Bekannter, der eigentlich als ziemlich cooler Typ bekannt ist,
hat tatsächlich geweint, nur weil er sich endlich mal wieder ein
Glas Rotwein bestellen konnte.

Er brachte seine Bestellung nicht über die Lippen.
Er heulte wie ein Baby, klappte die Getränkekarte auf
und deutete auf seinen Wunsch.

Unser Wirt, der zuletzt geweint hat, als ihm 1979 sein Opel Manta
verreckt ist, hatte plötzlich ebenfalls Wasser in den Augen.
Ich reichte den beiden ein Taschentuch,
dann haben wir alle unsere Sonnenbrillen aufgesetzt
und sangen „Amazing grace".
Die Namen der anwesenden Herren nenne ich an dieser Stelle
bewusst nicht, weil ich ihren guten Ruf
als gestandene Mannsbilder nicht beschmutzen möchte.

Und dann haben wir getrunken. Mehr als sonst.
Und wir haben früher schon nicht wenig getrunken,
wenn wir getrunken haben.
Mein Gott, was haben wir getrunken!
Nach kurzer Zeit kamen wir auf eine großartige Idee:
Wir haben alle unsere Gutscheine hervorgeholt,
die wir vor kurzem von unserem Wirt erworben hatten,
um unsere Stammkneipe am Leben zu halten.
Wir haben sie feierlich zerrissen und dann im Innenhof verbrannt.
Der Wirt hat noch einmal geweint und bestand darauf,
alle Getränke des Abends zu spendieren.

Dann haben wir alle noch einmal herzlich geweint und
widmeten uns den Getränken. Und wir kamen einander näher.
Anfangs hatten wir noch leichte Bedenken.
Ich sagte: „In geschlossenen Räumen hält sich das Virus ja
besonders lang. Vor allem dieses Aerosol. Das Zeug steht ja ewig
in der Luft und transportiert das ganze Covid-Zeugs."

Unser Wirt war noch fit genug, um meine Bedenken ernst zu nehmen. Er dachte kurz nach und hatte dann eine richtig gute Idee: „Kein Problem, das rauchen wir weg."
Plötzlich hatten wir alle eine Zigarette in der Hand.
Rein aus Selbstschutz. Der Wirt schloss die Tür und meinte:
„So. Geschlossene Gesellschaft. Ab sofort Privatparty."

Meine erste Zigarette. Über zehn Jahre war ich Nichtraucher.
Schon der erste Zug schob die Wirkung des Alkohols
beeindruckend nach vorne.
Plötzlich befand ich mich in einem Stadium, in dem jeder,
der in meine Nähe kommt, ein Freund ist,
dem ich mich vorbehaltlos anvertraue
und in allem recht gebe, was er von sich gibt.

Da klopft es an der Tür.
Der Wirt steht auf, öffnet und lässt einen Mann herein.
Ich kenne den Mann nicht, ich bin ihm noch nie zuvor begegnet.
Sofort ist er mein bester Freund für den Rest des Abends.

Er sieht ziemlich fertig aus und er hat einen Hund dabei.
Ein haariges Riesenvieh. Irgendein Wolfshund-Mischling,
der sich sofort zu meinen Füßen hinlegt.
In einem normalen, nüchternen Zustand
wäre ich jetzt sofort tot umgekippt und
innerhalb einer Minute verwest.
Aber auch der Hund ist plötzlich mein Freund.

Sein Besitzer merkt das und freut sich.
Er erzählt mir stolz mit rauchiger Stimme:
„Den hab ich aus einem Tierheim in Tschetschenien.
Der Kerl war völlig verstört und aggressiv.
Der hat alles zusammengebissen, was er erwischt hat.

Aber ich hab ihm ein kleines Spezialprogramm verabreicht
und jetzt ist das ein richtiger Schmuser."
Ich habe die leise Vermutung, dass dieses Spezialprogramm
weniger mit Körperpflege und Hundetraining zu tun hat, sondern
vielmehr mit Bier, Zigaretten und härteren Drogen.

Ich stelle aber keine weiteren Überlegungen an,
denn ich freue mich. Ich freue mich, weil ich keine Angst habe
und ganz entspannt bin. Ich will jetzt auch schmusen.
Ich fasse den Hund an, streichle ihn, kraule ihn hinterm Ohr
und bekomme einen heftigen Stromschlag.
Sein Besitzer meint: „Sorry, ich hab aus Versehen das Elektrohals-
band eingeschaltet." Ich verzeihe meinem besten Freund und
drücke meine Wange an das Gesicht des Hundes. Wahnsinn!
Ich bin begeistert von mir und meiner Furchtlosigkeit.

„Die spinnen doch alle mit dem Corona."
Ich weiß nicht mehr, ob es der Hund war oder sein Besitzer,
der da eben zu mir gesprochen hat, aber ich gebe ihm recht.
Ich lächle und sage: „Stimmt, die haben alle einen Vogel."
Er macht weiter: „Wenn ich noch einmal einen mit so einem
depperten Mundschutz beim Spazierengehen seh,
den hau ich zusammen."
Ich stimme ihm zu:
„Genau, das machst du. Weil so geht's ja nicht weiter."
Mein Freund unterstreicht seine Ansichten:
„Das mit dem Corona,
das ist doch alles eine Erfindung von dem Bates."
Ich korrigiere ihn: „Gates. Du meinst Bill Gates.
Bates ist die Hauptfigur im Film ‚Psycho'."
„Ja genau. Ein Psychopath ist das. Der will nämlich,
dass wir alle nicht geimpft werden gegen das Corona."

Diese Information stimmt nicht ganz.
Deshalb folge ich dem Impuls,
meinen Freund ein weiteres Mal zu verbessern:
„Nein, anders. Der Gates will uns alle impfen lassen,
mit einem Impfstoff, den er selber entwickelt hat,
damit er noch mehr Geld verdienen kann."
„Echt?! Stimmt das?!"
„Nein, das stimmt nicht.
Das ist der größte Schwachsinn des Jahrhunderts."
„Ja, so ein Verbrecher!
Und da wartet der jetzt, bis wir alle infiziert sind
und dann kann er seinen Impfstoff teuer verkaufen?"
„Ja, aber das stimmt nicht."
„Das schaut ihm ähnlich, dem Bates.
So einer muss doch weg."
„Ja, aber ich hab doch gerade gesagt, dass …"
Mir will partout nicht mehr einfallen, was ich gerade gesagt
habe und beende den Satz mit einer weiteren Zustimmung:
„Recht hast. Weg mit dem."
Schließlich ist er mein bester Freund.
Und eine gut gepflegte Freundschaft ist angenehmer
als komplexe Gedankengänge.

Jetzt kommt er richtig in Fahrt:
„Und die Merkel und der Dorstensen, der Viriologe.
Die gehören auch einmal weggesprengt."
„Da bin ich ganz deiner Meinung, mein Freund."
„Und die Damische mit den Zöpfen, die Thunberger.
Die gehört in eine geschlossene Anstalt."
„Endlich sagt's mal einer."

Gerade will ich ein Selfie mit meinem neuen besten Freund und
seinem Vierbeiner machen, um es auf Instagram zu stellen,

mit ein paar markigen Sprüchen, die einen mächtigen Shitstorm
auslösen dürften und meine Karriere und mein Leben
mit einem Schlag zerstören werden,
da tippt mich jemand energisch an und ich schaue zum ersten Mal
an diesem Abend zur anderen Seite.

Da sitzt eine Frau mit Mundschutz.
Sie hat die Augen weit aufgerissen. Die Augen sind stark gerötet.
Sie haben etwas Flehendes, ja fast schon verzweifelt Wütendes.
Ich kenne diese Frau. Es ist meine Frau.
Ich erkenne sie an unserem Haustürschlüssel,
den sie hektisch vor meinem Gesicht herumschüttelt.

Erst verstehe ich nicht ganz, was sie mir damit sagen will.
Da fällt mir ein: Sie hat nichts gegen Hunde,
aber eine Tierhaarallergie und sie verträgt auch
keinen Zigarettenrauch.
Mit einem Schlag bin ich stocknüchtern und ich sage
zu dem Herrn mit seinem widerlichen Straßenköter:
„Entschuldigen Sie, aber könnten Sie bitte mit Ihrem Vierbeiner
etwas Abstand halten. Meine Frau hat eine Allergie."
Mein Ex-Freund schaut mich ziemlich hohl an
und sagt erst mal nichts.
Meine plötzliche Nüchternheit verschafft seinem
Körpergeruch eine beeindruckend starke Präsenz.
Seine fiese Schlägervisage dringt jetzt ebenfalls in mein
Bewusstsein und auch meine gute alte Hundephobie ist wieder
ganz bei mir. Ich verkrampfe mich und lächle dabei saudumm.
Endlich sagt er was: „Hä? Was ist jetzt los?"
Ich sage: „Meine Frau hat Atembeschwerden wegen Ihrem Hund."
„I can't breathe, oder was?" Er lacht.
Die ersten Krämpfe melden sich in meiner Gesichtsmuskulatur,
aber meine Lippen funktionieren noch einigermaßen:

„Und wenn ihr jetzt bitte alle eure Zigaretten ausmachen könntet.
Meine Frau …"
Jetzt brüllt mein Ex-Freund: „Ah! Verstehe! Wife lives matter!"
Er lacht wieder und die andern lachen alle mit,
weil eine gut gepflegte Freundschaft angenehmer ist
als komplexe Gedankengänge.

Meine Frau und ich verlassen meine Stammkneipe.
Zuhause wasche ich mich gründlich und bearbeite meinen gesamten Körper mit Desinfektionsspray.
Dadurch wird meine Haut sehr trocken und beginnt zu jucken,
aber sie hat Alkohol aufgenommen
und ich bin verblüffend schnell wieder betrunken.
Für einen kurzen Moment überlege ich,
ob ich wieder in meine Stammkneipe zurückkehren
und mit dem Hund schmusen sollte.

Da erklärt mir meine Frau, dass sie morgen an mir einen
Antikörper-Test vornehmen lassen wird.
Bis das Ergebnis vorliegt, steckt sie mich mit einer Luftmatratze in
den Heizungskeller, weil sie sonst von meinem Geruch betrunken
wird und morgen völlig verkatert nicht mehr aus dem Bett kommt.
Ich habe vollstes Verständnis für sie. Treuherzig schau ich sie an
und verspreche, alles wiedergutzumachen.

Samstag, 06.06.

Geisterheimspiel

Meine Frau hat heute keinen Termin für einen Antikörper-Test für mich bekommen.
Vorsorglich hat sie mir aber trotzdem eine Luftmatratze in den Heizungskeller geschmissen und mich dort eingesperrt.
Ich weiß nicht, wie ich es geschafft habe, aber ich konnte mich befreien. Durch ein kleines viereckiges Loch in der Hauswand, das für die Befüllung der Öltanks vorgesehen ist.
Fragt mich nicht, wie ich mich da durchgezwängt habe!
Tatsache ist: Ich habe es geschafft! Und das ist kein großes Wunder, denn heute ist Heimspieltag.
An solchen Tagen entwickle ich ungeahnte Kräfte und erstaunliche körperliche Geschicklichkeit.

Natürlich darf ich nicht ins Fußballstadion.
Niemand kommt da rein. Aber ich schlage mich durch, zu einem Freund, in sein Wohnzimmer. Zu fünft haben wir uns um seinen Fernseher versammelt, denn heute geht es um alles.
Mit einem Sieg würde unser Verein wieder ganz oben mitspielen.
Unter normalen Umständen würde ich jetzt vor Anspannung und Aufregung fast platzen.
Aber so sehr ich mich bemühe, irgendwie will sich das gewünschte Gefühl nicht einstellen.

Eine Couchgarnitur ist eben keine Tribüne.
Wir sitzen da und tragen nicht einmal unsere Schals und auch nicht unsere alten Trikots aus vergangenen Tagen.

Nur ein Zinnteller auf dem Couchtisch verrät
unsere Vereinszugehörigkeit.
Jeder hat eine Flasche Bier in der Hand.
Alkoholfrei, weil fast alle mit dem Auto da sind.
U-Bahn ist einfach zu gefährlich, weil man da zu dicht
nebeneinander hockt und zu viele Deppen unterwegs sind,
denen alles wurscht ist.

Wir haben uns mit gebotenen Abständen
auf Couch, Sessel und Teppich platziert,
haben die Fenster und Türen geöffnet, damit sich keine
gefährlichen Aerosole im Raum halten und schauen unseren
Helden dabei zu, wie sie in unserem Stadion vielleicht doch noch
die nötigen Punkte für den Aufstieg sammeln.

Ich mache ein Selfie von unserer Fangruppe, beschließe aber dann,
es lieber doch nicht auf Instagram zu stellen.
Es wäre ein gefundenes Fressen für alle Anhänger von unserem
leidenschaftlich verhassten Nachbarverein.
Ich stelle das Foto einfach auf Whatsapp in meine Familiengruppe.
Mein erster Sohn kommentiert:
„Mensch Buben, geht doch lieber raus zum Spielen!
Es ist so schönes Wetter!"
Mein Zweitgeborener will wissen:
„Habt ihr eine lustige Serie auf Netflix entdeckt?
Lasst mich raten! ‚The walking dead' oder
‚American horror story'?"
Und meine Frau schreibt: „Eben wollte ich dir ein Frühstück
in den Heizungskeller bringen."
Ich schreibe ihr zurück: „Das ist lieb. Stell es einfach
neben die Luftmatratze. Ich esse es, wenn ich wieder zurück bin."
Sie will wissen:
„Was machst du denn da mit deinen Kumpels?"

Ich antworte: „Wir schauen ‚The walking dead‘
und danach gehen wir raus zum Spielen."

Es ist tatsächlich ein seltsamer Film, der sich da
im Fernseher abspielt. Fast schon ein Stummfilm.
Vereinzelt hört man Anweisungen,
die über das Fußballfeld gebrüllt werden.
Ich fühle mich erinnert an die Zeiten, als ich noch selbst aktiver
Kicker war. Atmosphärisch war das fast genau das Gleiche.
Nur hat es nicht ganz so laut gehallt,
wenn jemand über den Platz geschrien hat.
Der gespenstische Hall gestaltet die gegenwärtige Angelegenheit
fast noch armseliger als meine damaligen Spiele auf dem
Dorfplatz des TSV Strunzenöd.

Hin und wieder wird die Stadion-Tribüne eingeblendet
oder die Fankurve. Die Fankurve ziert ein Transparent
mit der Aufschrift „Ohne Fans ist Fußball nichts!"
Auf den Tribünensitzen wurden Fotos aufgestellt,
die von den Fans geschickt wurden.
Bei jeder Einblendung versuche ich, mein Bild zu finden.
Das ist aufregend und spannend. Das Spiel weniger.
Dabei geht es um richtig viel.
Nur ein Tor und wir wären wieder im Aufstiegsrennen.

Da fällt ein Tor. Für die anderen.
Wir stöhnen kurz auf. Schütteln die Köpfe, checken auf den
Handys den aktuellen Tabellenplatz unserer Mannschaft und
die Ergebnisse in den anderen Stadien.
Aus reinem Sarkasmus stimme ich einen Fangesang an.
Der Gastgeber erhebt sich und schließt die Fenster.
Ich beende meinen Gesang.
Der Gastgeber steht wieder auf und öffnet die Fenster.

Da muss ich plötzlich laut schreien: „Jaaaa!"
Die andern wollen wissen, was mit mir los ist, ob ich spinne.
Ich sage: „Sorry, alles in Ordnung. Ich habe nur an was Schönes
gedacht." In Wahrheit hatte ich eben mein Foto auf der Tribüne
entdeckt. Das wollte ich meinen Kumpels aber nicht unterbreiten.
Ich hätte nur Neid und Zwietracht gesät.

Wir beginnen auf unsere Mannschaft zu schimpfen.
Das tut gut. Das machen wir nämlich genauso,
wenn wir im Stadion sind und unsere Mannschaft hinten liegt.
Gerade will sich ein Hauch von einem echten Heimspielerlebnis
einstellen, da kommt die Frau des Gastgebers und stellt ein Tablett
mit Kaffee und Kuchen auf den Wohnzimmertisch.
Sie meint: „Eine kleine Stärkung für die geschundenen Seelchen."
Dann tätschelt sie ihren Mann auf die Wange,
gibt ihm ein Küsschen auf die Stirn und geht wieder.

In mir taucht ein Bild auf, auf dem wir alle mit Kaffee und Kuchen
auf unseren Plätzen im Stadion sitzen,
in unseren stinknormalen Alltagsklamotten.
Wir schweigen, gießen uns Kaffee ein
und futtern Apfelstreuselkuchen.
Unsere Frauen tätscheln uns und küssen uns auf die Stirn.

Ich muss fast weinen, da fällt das zweite Tor für die anderen
und kurz darauf erfolgt der Schlusspfiff.
Aus und vorbei. Wir haben nichts mehr mit dem Aufstieg zu tun.
Eine andere Mannschaft ist heute aufgestiegen,
in einem anderen leeren Stadion.
Ich kann mich nicht entscheiden, was erniedrigender ist:
der vergeigte Aufstieg oder die Vorstellung von Streuselkuchen
und tätschelnden Frauen im Stadion?

Der Gipfel wäre es, wenn jetzt noch einmal die Frau des Gastgebers
zu uns hereinkäme, jedem ein Kinderschokobon hinlegt und sagt:
„Jetzt aber raus zum Spielen.
Ihr habt ja schon ganz viereckige Köpfe."

Wir trösten uns, indem wir wieder schimpfen.
Genauso machen wir das nämlich,
wenn wir das Stadion verlassen und ins Stüberl gehen.
Endlich finden wir zu einem vertrauten Gruppengefühl.
Zum ersten Mal an diesem Nachmittag fühlen wir uns
lebendig und entwickeln eine richtige Lust,
uns miteinander zu unterhalten.

Wir schimpfen uns in einen Rausch
und schließlich werden wir sogar dafür belohnt.
Der Fernseher läuft nämlich noch und wir sehen,
dass man eben zu dem Stadion geschaltet hat,
in dem eine andere Mannschaft vor leeren Rängen ihren Aufstieg
feiert.
Vor dem Stadion steht eine Reporterin.
Knappe zwei Meter von ihr entfernt steht ein Fan der
Aufsteigermannschaft.
„Ihre Mannschaft ist heute aufgestiegen.
Was ist das für ein Gefühl für Sie als Fan?", fragt die Reporterin
und hält dem Fan ein Mikrofon, das an einer langen Stange
befestigt ist, unter die Nase.
„Mei, was soll ich sagen?", sagt der Fan und grinst.
„Die erste Hälfte vom Spiel hab ich ehrlich gesagt gar nicht
gesehen, weil wir einen Geburtstag daheim gefeiert haben
und das war grad so schön im Garten, bei dem herrlichen Wetter.
Und kurz bevor das Fußballspiel aus war, funkt mich ein Kumpel
an. ,Hey, deine Mannschaft gewinnt grad.'

Und da bin ich sofort in mein Auto und hergefahren zum Stadion.
Schad, dass sonst fast keiner da ist.
Aber mei, das sind halt diese schwierigen Zeiten.
Da muss sich jeder an die Regeln halten."

Ein Aufschrei geht durch unsere Runde.
„So ein Volldepp! Der hat sich nicht einmal das Spiel seiner
Mannschaft angeschaut! Dieser jämmerliche, ausrangierte
Sozialpädagoge in seinem frisch gebügeltem Retro-Shirt!
Was ist denn das für eine Fankultur?
Wenn wir heute aufgestiegen wären,
da wär aber ganz was anderes los bei uns rund ums Stadion!
Die ganze Stadt würde auf dem Kopf stehen!"

Endlich kommt richtig Leben in die Bude.
Wir strahlen einander zufrieden an,
mit einem tiefen Gefühl der Verbundenheit.
Jetzt können wir uns voneinander verabschieden
mit der beruhigenden Gewissheit: Wir sind eben doch die Besten!

Sonntag, 07.06.

Trump am Glascontainer

Heute hat mich ein älterer Herr auf der Straße angesprochen:
„Ja, der Herr Altinger, geht's Ihnen gut?
Man hat Sie ja in letzter Zeit öfter gesehen als sonst."
Ich bin irritiert. „Oh, ich kann mich nicht erinnern,
dass wir uns in letzter Zeit über den Weg gelaufen wären."
Der alte Mann lächelt und meint:
„Sind wir uns auch nicht. Aber wissen Sie, ich sehe von meiner
Wohnung sehr gut zu den Glascontainern."

Ich hatte mich also doch nicht getäuscht.
Beim Flaschenentsorgen hatte ich jedes Mal dieses flaue Gefühl
in der Magengegend und irgendwie war mir klar:
„Das kann nicht nur mit dem Vorabend zu tun haben."
Ich fühlte mich beobachtet und deshalb hatte ich mir
vorsichtshalber unterschiedliche Verkleidungen organisiert.
Ich erschien am Container u. a. als alte Dame mit einer Gehhilfe,
als Penner mit langem Bart und einem kaputten Einkaufswagen
und einmal sogar in einem alten Halloweenkostüm meiner Kinder.

Das flaue Gefühl in der Magengegend wollte aber nicht
verschwinden. Und jetzt weiß ich endlich, warum.
Es lag an dem starren Blick eines Rentners,
der fest auf mich gerichtet war.
Und jetzt steht er vor mir und ich steh blöd da.
„Herr Altinger, ich muss Ihnen ein Geheimnis verraten.
Wir haben ganz ähnliche Vorlieben bei Rotwein."
Jetzt steh ich noch blöder da.

Ich sage: „Sie haben von Ihrer Wohnung aus gesehen,
welche Rotweinflaschen ich in den Container schmeiße?"
„Ja. Und ihren Lieblings-Williamsbirnschnaps hab ich gleich
nachgekauft. Das war ein Volltreffer!
Die Südtiroler sind einfach unschlagbar.
Ich hätte nur eine kleine Kritik: Bei den Likören,
da sehe ich leichten Verbesserungsbedarf.
Schaun Sie: Ich habe Ihnen hier eine
kleine Liste zusammengestellt."
Ich nehme eine handgeschriebene Liste edelster Liköre entgegen.
Ansonsten bin ich außer Gefecht gesetzt.

Und ich habe noch zu meiner Frau gesagt,
dass ich nichts von einer starren Aufgabenverteilung halte.
Abwechslung bei der häuslichen Arbeit ist sehr wichtig
für Körper, Geist und Ehe. Wenn man immer nur
das Gleiche zu tun hat, stumpft man ab, verblödet
und wählt irgendwann einen Wahnsinnigen zum Präsidenten.
Meine Frau meinte darauf, sie glaube nicht,
dass Trump Präsident wurde,
weil die Amerikaner zu oft am Glascontainer waren.

Nach ihrer Meinung läge es vielmehr an der ungesunden
Ernährung. Wenn man immer nur Fast Food zu sich nimmt,
dann sind das viel zu viele Kohlehydrate und schlechte Fette.
Und das mache angeblich blöd.
Ich hielt diese Erkenntnis für etwas eindimensional,
hatte aber keine Lust, ihr einen Vortrag zu halten
über amerikanische Geschichte, Wirtschaft und Bildungssystem.

Das bereue ich jetzt. Der alte Mann steht immer noch vor mir:
„Machen Sie sich keine Sorgen, Herr Altinger.

Alle Deutschen haben in den letzten drei Monaten viel mehr
getrunken als sonst. Das ist statistisch belegt.
Sie liegen noch gut unter dem Durchschnitt.
Schauns her, ich habe hier eine kleine Aufstellung für Sie."

Ich nehme eine Statistik entgegen,
in die jemand eigenhändig eine Kurve eingetragen
und meinen Namen darunter geschrieben hat.
Ich bin entsetzt und beeindruckt zugleich.
In China hat man 400 Millionen Kameras,
um das gesamte Volk zu überwachen.
In Strunzenöd reicht ein Rentner, um meinen gesamten
Alkoholkonsum der letzten Monate zu dokumentieren.

„Herr Altinger, denken Sie sich nichts.
Sie liegen noch weit entfernt von diversen anderen Mitbürgern.
Gerade ältere Damen. Die kommen oft so hilflos daher,
dass du meinst, ohne Gehhilfe geht da gar nichts mehr,
aber die Gurgel ist immer gut geschmiert.
Und dann natürlich diese ganzen Penner
und die Abgestürzten im Faschingsgwand.
Nein nein, Herr Altinger, ich sag Ihnen,
Sie gehen hier mit gutem Beispiel voran. Ich sage immer:
Die Corona-Krise ist zu kurz, um schlechten Wein zu trinken."

So. Jetzt reicht's. Ich gehe in die Offensive:
„Aha. Sie stehen also Tag für Tag an ihrem Fenster,
trinken guten Rotwein und schauen dabei auf die Glascontainer.
Haben Sie nichts Besseres zu tun?"
Der Rentner lässt sich nicht aus der Ruhe bringen.
„Oh, ich schaue nicht nur auf die Glascontainer.
Ich habe die gesamte Straße im Blick.

Vielleicht erinnern Sie sich noch. Sie haben doch kürzlich eine Anzeige erhalten, weil sie mit ihren Eltern spazieren gegangen sind und dabei den Mindestabstand nicht ganz eingehalten haben."
„Das waren Sie?"
„Was sein muss, muss sein. Ich kenne meine Bürgerpflichten. Gerade in schwierigen Zeiten."
„Dann waren Sie das auch, der die Polizei gerufen hat, weil da ein paar Nachbarskinder miteinander auf der Straße gespielt haben." „Nein, das war ich nicht."
„Ja, wer soll's denn sonst gewesen sein?"
„Meine Frau. Wissen Sie, wir führen einen sehr demokratischen Haushalt. Und ich halte nichts von einer starren Aufgabenverteilung.
Abwechslung bei der häuslichen Arbeit ist sehr wichtig für Körper, Geist und Ehe. Wenn man immer nur das Gleiche zu tun hat, stumpft man ab und verblödet.
Übrigens, ich verstehe überhaupt nicht, was die Leute immer gegen diesen Trump haben."

Montag, 08.06.

Es geht wieder los!

Meine Agentin hat sich gemeldet und mir gesagt,
dass ich endlich wieder Auftritte machen kann.
Es gäbe allerdings ein paar Auflagen. Ich freue mich trotzdem.
Bei meinem ersten Termin spiele ich in einem Amphitheater,
vor hundert Leuten, ohne Pause, nur 60 Minuten, nicht länger,
sonst gibt's Ärger mit dem Gesundheitsamt.

Schon wenige Tage später folgt der zweite Auftritt,
in einem Burginnenhof, ebenfalls hundert Leute.
Allerdings soll ich dort mein Programm in voller Länge spielen
und es wird auch eine Pause geben.

Gleich darauf folgt der dritte Auftritt, in einem Fußballstadion,
vor einer Tribüne, mindestens 200 Leute, ohne Pause,
70 Minuten. Ich soll aber auf alle musikalischen Darbietungen
in meinem Programm verzichten. Ich freu mich trotzdem.

Meine Agentin sagt: „Bei schlechtem Wetter werden
übrigens alle Termine ersatzlos gestrichen."
Oh, wie spannend! Eine Lotterie!
Der Wetterbericht ist derzeit noch unzuverlässiger als vor Corona,
weil die Wetterstationen ihre Informationen in erster Linie vom
Flugverkehr beziehen.
Das Flugaufkommen war zuletzt auf dem Niveau von 1956.
D. h. weniger Daten, ungenauere Vorhersagen.

Man hat schon alte Bauernregeln bemüht und
alte Weissager reanimiert. Meine Agentin meint:
„Bei deinem ersten Auftritt wird das Wetter garantiert schön.
Das hat der Mühlhiasl gesagt."
Und ich: „Der Mühlhiasl war ein Weissager aus dem bayerischen
Wald und hat vor fast 300 Jahren gelebt.
Der hat auch viel Schmarrn erzählt."
Darauf meine Agentin:
„Ja, aber er hat inzwischen öfter recht als jede Wetter-App."
Ich freue mich und verlasse mich auf den Mühlhiasl.

Sofort setze ich mich hin, um verschiedene Versionen meines
Programms zu basteln. Eine 60-Minuten-Kurzversion mit Musik,
eine 70-Minuten-Version ohne Musik und noch eine neue Langversion, in die ich aktuelle Bezüge zur Corona-Zeit einbaue.

Dienstag, 09.06.

Sonderwünsche

Eine Redakteurin vom „BR Fernsehen" ruft mich an.
Sie hätte gerne eine Kabarett-Nummer von mir,
für ein ganz neues Comedy-Format.
Die Nummer soll bitte keine Bezüge zu Corona haben.
Sie ist nämlich der Meinung, die Zuschauer könnten dieses Wort
endgültig nicht mehr hören.
Die Leute wollen jetzt, verdammt nochmal, wieder positive und
heitere Darbietungen. Da kenne sie die Leute ganz genau.
Und außerdem sollte ich auch Pointen zum aktuellen politischen
Geschehen möglichst vermeiden.
Also bitte kein Corona und keine Politik!

Scherzhaft schlage ich vor, ich könnte doch
eine lustige Nummer über die starken Regenfälle
und Überschwemmungen in Japan machen.
Die Redakteurin antwortet erst mal nicht.
Das gefällt mir, weil ich weiß, dass sie gerade überlegt,
ob sie meinen Vorschlag ernst nehmen sollte.

Dann sagt sie, dass das eine gute Idee wäre,
aber ob ich denn nicht was machen könnte zu den Themen
„Wie Männer so sind" und „Wie Frauen so sind".
Damit könnte man die Sendung problemlos über die nächsten
Monate und Jahre wiederholen.

Ich stimme begeistert zu.
Allerdings weiß ich noch nicht, wie ich das schaffen soll,
weil ich noch nicht einmal die drei Versionen meines Bühnen-
programms zusammengeschraubt habe.
Aber ich sage zu,
weil ich mich gerade über jeden neuen Auftrag freue.

Freitag, 12.06.

Weitere Sonderwünsche

Die 60-minütige Kurzfassung für das Amphitheater ist jetzt fertig
und ich beginne sie einzustudieren.
Da ruft mich meine Agentin an.
Sie will wissen, wie ich denn vorankomme und sie meint:
„Übrigens, der Veranstalter für deinen ersten Auftritt
im Amphitheater hat sich gerade gemeldet.
Er meint, das Gesundheitsamt erlaubt jetzt, dass du länger spielst
als 60 Minuten. Er ist sehr froh darüber,
weil nur eine Stunde doch ein bisschen arg kurz ist
für einen ganzen Kabarettabend."

Ich verdränge einen kleinen Herzinfarkt und antworte:
„Aber ich habe vier Tage an der 60-Minuten-Version gearbeitet.
Soll ich jetzt alles wieder umschreiben?"

Darauf meine Agentin: „Streck den Abend einfach hinten mit
ein paar Zugaben. Übrigens, ich habe noch eine weitere Anfrage.
Auf einer Pferdekoppel, an einem Nachmittag, 45 Minuten.
Allerdings hätten die gern dein Programm zwei Mal
hintereinander, damit sich das rechnet."
Ich frage scherzhaft: „Sind denn bei meinem Auftritt auch Pferde
auf der Koppel?" Meine Agentin: „Muss ich noch klären."
Ich freue mich schon mal im Voraus und sage:
„Okay, ich mach's!"

Montag, 15.06.

Sonderwünsche werden modifiziert

Heute hat der Ministerpräsident die Ausgangsbestimmungen
weiter gelockert. Deshalb haben sich viele Veranstalter sofort bei
meiner Agentin gemeldet.
Sie erzählt mir: „Im Amphitheater dürfen jetzt doch 200 Menschen
Platz nehmen. Das kriegt der Veranstalter allerdings
organisatorisch nicht mehr geregelt.
Leider haben sich sofort einige Leute beschwert."
Mein Auftritt findet nun an zwei Abenden
vor jeweils 100 Leuten statt.

Damit geht mir ein ganzer Tag verloren,
den ich dringend benötige, für die Vorbereitung meiner Auftritte
im Burginnenhof, Fußballstadion und auf der Pferdekoppel.
Gerade verdränge ich den zweiten Herzinfarkt,
da meldet sich die Redakteurin vom „BR Fernsehen" bei mir
und meint, der Unterhaltungschef würde sich doch wünschen,
dass ich für das neue Comedy-Format
eine tagesaktuelle Nummer mache.
Sie soll politisch sein, mit Bezügen zu Corona, zu Trump,
der Kanzlerfrage in Deutschland
und den Zuständen in diversen Fleschereibetrieben.
Ich bin kurz davor, mich selbst für verrückt zu erklären,
denn ich freue mich noch immer.

Ein letzter Wunsch

Meine Agentin ruft mich an und ich erfahre,
dass die Aufzeichnung für das Fernsehen am gleichen Tag
stattfinden wird wie mein erster Auftritt im Amphitheater.
Der Fernsehjob wäre allerdings schon am frühen Nachmittag.
Wenn ich mich beeile, hätte ich durchaus Chancen,
rechtzeitig zu meinem Abendauftritt zu kommen.
Ich überlege gerade, wo ich eventuell einen Hubschrauber mieten
könnte oder ein Katapult, mit dem ich mich von Termin zu Termin
schleudern lasse, da meint meine Agentin:
„Ach übrigens, hättest du noch Zeit für ein Telefoninterview?"
Ich frage: „Wann soll das sein?"
Sie meint: „Am gleichen Tag, aber vormittags."
Ich sage zu.

Drei Monate Stillstand und jetzt passiert plötzlich alles auf einmal.
Es kommt mir vor, als hätte man die schlimme Vorahnung, dass es
bald zum nächsten Lockdown kommen wird. Bevor es aber so weit
ist, packt man alles zusammen in dieses Zeitfenster, von dem
keiner weiß, wie groß es ist.

Noch werden überall Beschränkungen gelockert, aber vereinzelt
werden sie auch schon wieder zurückgenommen.
Es ist ein eher verregneter Sommer und sobald sich
auch nur die Ahnung von Sonnenschein ergibt,
haben die Leute nichts Besseres zu tun, als da hinzurennen,
wo alle hinrennen, um sich dort aneinanderzureiben
und Licht, Alkohol und Menschen zu tanken.

Ich bin froh, im Kulturbereich zu arbeiten,
denn es scheint die letzte Bastion zu sein, in der die Politik noch
sehr streng auf die Empfehlungen der Virologen achtet.
Das führt zwar zu enormen Verlusten und Bankrotterklärungen bei
vielen Kulturschaffenden, aber vielleicht sind wir am Ende doch
die Einzigen, die diese Pandemie gesund überstanden haben.
„Arm, aber gesund." Ich versuche schon mal,
mich mit dieser Vorstellung anzufreunden.

Ein denkwürdiger Tag

Vormittags

Eigentlich wollte ich etwas länger im Bett bleiben,
um am Abend richtig fit zu sein für meinen
ersten Auftritt nach unfassbar langer Zeit.
Aber das Telefoninterview sollte dann schon um 8 Uhr stattfinden.
Das ist in Ordnung.
Um diese Tageszeit habe ich nämlich eine tiefere Stimme.
Tieferen Stimmen hört man aufmerksamer zu.
Mir geht es jedenfalls so.

Ich bin ein großer Fan von Harry Rowohlt.
In dieser tiefen Stimme könnte ich baden.
Wenn ich Harry Rowohlt höre, will ich mich sofort mit vielen
warmen Decken auf den Schoß meiner Mutter kuscheln
und mich gnadenlos mit Whiskey besaufen.

Ich stehe also um 6 Uhr auf, um nicht zu müde zu wirken,
wenn ich um 8 Uhr im Radio zu hören bin.
Ich dusche eiskalt, trinke zwei Tassen starken Kaffee
und foltere mich mit fiesen Dehnübungen.

Das Telefon klingelt. Eine sehr müde, offenbar ältere,
schlecht gelaunte Journalistin ist dran.
Sie bedankt sich, dass ich mir so früh am Tag für sie Zeit nehme
und ich sage: „Das macht gar nix. Am Morgen klingt meine Stimme
immer etwas besser im Radio."
Darauf die müde Journalistin: „Wieso Radio?"

In diesem Moment fällt mir ein, dass weder meine Agentin noch meine Frau noch irgendjemand jemals davon gesprochen hatte, dass dieses Interview fürs Radio sein soll.
Das war nur ich, der sich das offenbar selbst eingeredet hat.

Die müde Journalistin meint,
sie wäre vom „Strunzenöder Tagblatt" und sie hätte gern
ein kurzes Statement zur Corona-Krise.
Ich frage: „Und warum muss das so früh am Tag sein?"
Sie meint, man hätte ihr mitgeteilt,
der Herr Altinger wäre sehr beschäftigt
und ein Interview nur zum jetzigen Zeitpunkt möglich.
Ich sage: „Ach ja, genau. Vor lauter Beschäftigung vergesse ich
manchmal, wie beschäftigt ich bin.
Aber man hätte das Interview doch auch per E-Mail machen
können und nicht telefonisch."
Sie meint, dass E-Mail für sie momentan schwierig wäre.
Sie würde sich nämlich einen Dienstcomputer
und ein Telefon mit einem Kollegen teilen
und vormittags hätte immer sie das Telefon.
Ich frage: „Sind Sie sicher, dass Sie für eine Zeitung arbeiten?"

Die müde Journalistin findet das nicht lustig und sagt: „Und?"
Ich frage: „Was? Was meinen sie mit ‚Und'?"
Und sie: „Corona?"
Und ich: „Was ist mit Corona?"
Und sie: „Das frag ich Sie."
Und ich: „Ah, Sie wollen wissen,
wie ich die Corona-Krise bis jetzt überstanden habe?"
Und sie: „Ja. Aber bitte langsam, damit ich mitschreiben kann."
Ich beginne zu sprechen und bin mir dabei sicher,
am anderen Ende der Leitung eine mechanische Schreibmaschine
zu hören. Ich sage also ganz langsam:

„Ich kann mich eigentlich nicht beschweren.
In jeder Krise liegt bekanntlich immer auch eine Chance."
Die Journalistin brüllt mir dazwischen: „Nicht so schnell!!"
Ich spreche noch langsamer und diktiere auch die Satzzeichen:
„Ich habe zum Beispiel ein Buch geschrieben. (Punkt)
Ich denke, (komma) im Herbst werden wohl hunderttausend
Corona- (Bindestrich) Bücher auf den Markt kommen.
Eins davon wird von mir sein."

Ich möchte weiterreden, da brüllt mir die Journalistin dazwischen:
„Stop!! Das reicht!
Das kommt jetzt gleich in die Druckerei."
Bevor ich sagen kann: „Womit drucken Sie denn?
Belgische Kartoffeln sollen gerade sehr günstig sein."
Da hat sich die Dame schon verabschiedet und aufgelegt.
Ich lege mich wieder ins Bett, um für den Abend fit zu sein,
bin aber schon jetzt viel zu fit, um schlafen zu können.

Früher Nachmittag
Ich erscheine viel zu früh zur Aufzeichnung beim BR Fernsehen.
Ein Redakteur nimmt mich in Empfang
und lobt den Text meiner Kabarettnummer.
„Das ist frech, das ist böse. Einfach toll.
Genau so muss Kabarett sein.
Wir werden da auch garantiert nichts rausschneiden."
Diese Worte heben mich auf ein sehr hohes Ross
und ich bekomme massive Star-Allüren.

Sofort verlange ich heißes Wasser mit fein geschnittenem Ingwer
und ich will wissen,
ob denn meine Garderobe richtig temperiert sei.
Außerdem will ich jetzt eine osteopathische Behandlung mit
Kraniosakral-Therapie und einen großen Teller mit veganem Sushi
und einen Smoothie aus heimischen Wildkräutern.

Das Fernsehteam wird tatsächlich nervös.
Sofort beginnt jemand Ingwer zu schneiden.
Der Redakteur schaut mich unsicher an und gesteht mir:
„Garderobe war leider nicht vorgesehen."
Ich bin entsetzt. „Und wo soll ich mich jetzt vorbereiten?
Wo soll ich mich umkleiden und meine Übungen machen,
Meditation, Yoga, den herabschauenden Hund,
das schnatternde Kaninchen … in der Putzkammer, oder wie?"

Man beginnt einen Nebenraum,
der eigentlich für die Moderatorin der Sendung vorgesehen war,
für mich freizuräumen und entsprechend einzurichten.
Die Moderatorin zieht sich in die Putzkammer zurück und bereitet
sich auf ihre Sendung vor.

Ich trage jetzt einen weißen Schal, sitze vor einem großen Spiegel
in meiner wohltemperierten Garderobe,
esse ein/zwei Sushi, ein drittes beiße ich nur an
und lasse es dann liegen.
Der Smoothie mit den Wildkräutern und das Ingwerwasser
bleiben unberührt. Ich hasse das Zeug. Es ist widerlich.
Ein fremder Mann kommt herein und fasst mich an.
Sofort versetze ich ihm einen Magenschwinger,
nehme ihn in den Schwitzkasten und frage:
„Wie lautet die Losung?"
Der Mann meint, er wüsste nichts von einer Losung,
aber er wäre der Osteopath. Ich entschuldige mich und lade ihn
ein, sich an meinem Champagner zu bedienen.

Eine Aufnahmeleiterin bringt mich an meinen Drehort.
Ich werde meine Kabarettnummer auf einer Bühne spielen.
Allerdings mit dem Rücken zum leeren Zuschauerraum,
vor zwei Kameras. Dahinter stehen zwei Kameramänner,
zwei Kabelhilfen, Tonleute, Lichttechniker ...
man könnte fast von einem richtigen Publikum sprechen.

Der Regisseur bittet mich, ich sollte mich möglichst wenig
bewegen, weil es sonst Schwierigkeiten gäbe mit der Bildschärfe.
Meine Mimik sollte ich allerdings verstärkt einsetzen,
sonst wirke die Darbietung zu steif.
Aber ansonsten sei ich in meinem Spiel völlig frei.
Ich sollte ganz ich selbst sein.
Gerade überlege ich mir, wie ich denn ich selbst sein könnte,
da höre ich von der Regie: „Und bitte!!"

Ich beginne meine Nummer. Ich bin sehr souverän,
denn schließlich ist mein Text frech, böse und einfach toll.

Ich komme zur ersten Pointe. Niemand lacht, kein Jubel,
kein Applaus, keine fliegenden Büstenhalter.
Da stehen 20 Leute hinter den Kameras
und die machen einfach nur ihren Job.
Jeder ist voll konzentriert und niemand trägt einen Büstenhalter.

Das beeindruckt mich wenig. Schließlich bin ich ein Profi.
Ich komme zur nächsten Pointe. Wieder keine Reaktion,
nicht einmal ein Schmunzeln ist hinter den Objektiven
zu erkennen.

In den letzten Wochen konnte ich mir mein Publikum
immer gut vorstellen bzw. ich habe mein Publikum
plötzlich an Orten gesehen, wo ich es nie erwartet hätte.
Ich habe halluziniert.
Das ist völlig normal bei Entzugserscheinungen.
Die Entzugserscheinungen sind jetzt aber weg
und damit auch mein Publikum.

Irgendwie finde ich meine Nummer nicht mehr ganz so toll.
Ich finde auch mich gar nicht mehr so toll.
Ich finde mich, ehrlich gesagt, ziemlich bescheiden.
Ich will jetzt heim und mich dort in die hinterste Ecke
verkriechen oder in eine Hundehütte oder
mich in einem Hochbeet vergraben …

Nächste Pointe. Jetzt hasse ich mich.
Ich beginne mich innerlich zu beschimpfen,
während ich weiter meine Nummer spreche:
„Für so einen Mist zahlen die Leute also Gebühren.
Weißt du eigentlich, wie brunzdumm du gerade dreinschaust?

Du bist viel zu schnell, viel zu laut. Wenn ich dich jetzt
im Fernsehen sehen müsste, ich würde sofort an
den Intendanten schreiben. Eine Frechheit."

Ich komme zur letzten Pointe und sage:
„Der Einzige, der Markus Söder bei der Kanzlerkandidatur noch
ernsthaft gefährden könnte, heißt … Jürgen Klopp."
Stille. Ich warte. Die Kameras laufen weiter.
Sie laufen weiter, bis jemand sagt: „War's das?"
Ich nicke und bin am Boden zerstört.

Der Regisseur lobt mich mit knappen Worten und fragt,
ob ich meine Nummer denn noch einmal spielen könnte.
Ich hätte mich doch zu stark bewegt und das Bild
wäre an vielen Stellen ziemlich unscharf.
Ich sage: „Nein."
Und renne sofort von der Bühne zur Putzkammer,
verabschiede mich von der Moderatorin
und entschuldige mich mehrfach für mein arrogantes Benehmen.
Die Moderatorin sagt:
„Macht gar nix. Ich hatte noch nie einen Osteopathen am Drehort.
Der Typ ist rotzbesoffen,
aber in mir ist wieder alles im Fluss."

Am Abend
Gerade noch rechtzeitig komme ich am Auftrittsort an.
Alles ist bestens vorbereitet.
Nur mein Selbstvertrauen ist am Boden.
Ich müsste nur noch auf die Bühne gehen und loslegen.
Stattdessen checke ich die Fluchtwege.

Der Veranstalter kommt zu mir und entschuldigt sich für
die vielen Sonder- und Änderungswünsche in den letzten Tagen.
Aber ich könne jetzt ganz beruhigt sein, es bleibe dabei:
zweimal 60 Minuten, ohne Musik, das Publikum wird in der Pause
ausgetauscht und für die Zugabe hat man einen Elvis-Imitator
engagiert, mit dem ich mir doch bitte die Gage teilen soll.

Mir entgleisen sämtliche Gesichtszüge und mit tränenerstickter
Stimme sage ich, dass ich von einem Elvis-Imitator nichts wüsste,
und schaue dabei verzweifelt meinen Musiker an.

Der Veranstalter lacht plötzlich laut: „Haha. War nur ein Scherz!
Sie machen einfach, was Sie wollen, Herr Altinger.“
Am liebsten würde ich ihm jetzt ins Gesicht treten,
aber irgendwie könnte ich ihn auch küssen.

Der Veranstalter sagt: „Gut, dann begrüße ich kurz
das Publikum und sie fangen dann einfach an.“
Ich sage: „In Ordnung. So machen wir das.“
Und er: „Ach ja. Sie spielen natürlich mit Atemschutzmaske.“
Und ich: „Was?“ Und er: „Tut mir leid. Das ist Vorschrift, sonst
bekommen wir einen Riesen-Ärger mit dem Gesundheitsamt.“
Und ich: „Ich soll über eine Stunde mit einer Atemschutzmaske
auf der Bühne agieren? Bei der Hitze?“
Und er: „Sonst kann der Abend nicht stattfinden.“

Gerade will ich mir eine Atemschutzmaske aufsetzen,
da beginnt er wieder zu lachen.
„War nur ein Scherz, Herr Altinger! Kleiner Spaß vorneweg.
Da kommen Sie doch gleich mal richtig auf Betriebstemperatur,
oder?!"
Ich sage ihm nicht, was ich jetzt gerne mit ihm machen würde.

Der Veranstalter geht auf die Bühne und begrüßt das Publikum,
mit pastoralem Ton und betroffener Miene:
„Guten Abend meine Damen und Herren,
ich muss Ihnen leider mitteilen,
Herr Altinger hat sich vor drei Tagen einem Corona-Test
unterzogen und, wie soll ich Ihnen sagen …
es geht um unser aller Gesundheit.
Und aus Rücksicht auf die Risikopatienten im Publikum haben wir
uns schweren Herzens dazu entschieden …" Mord.
Ich denke jetzt an eiskalten, brutalen Mord.
Gerade, als sich die ersten Gäste von ihren Plätzen erheben
und nach Hause gehen wollen,
lacht er wieder laut auf und brüllt:
„War nur ein Scherz! Hier ist er und er ist gesund.
Das behauptet er zumindest. Hier ist Michael Altinger!"

Ich betrete die Bühne und starre dabei auf den Boden.
Ich fasle unverständliches Zeug vor mich hin und rette mich zu
einer kleinen Pointe. Die Leute lachen. Und sie klatschen.
Jetzt hebe ich meinen Blick und schaue in glückliche und
erwartungsvolle Gesichter. Ich sage: „Schön, dass ich da bin."
Die Leute nicken mir zu und klatschen schon wieder.

Es wird ein wunderbarer Abend.
Selten habe ich mit einer solchen Lust und inneren Feierlichkeit
gespielt. Ich kann tatsächlich einfach machen, was ich will.
Das Ding läuft. Sogar die Vögel in den Bäumen machen mit.
Bei den Liedern entwickelt sich ein richtiger Wettstreit,
was die Lautstärke betrifft. Als würden sich sogar die Vögel freuen,
dass wieder was los ist in diesem Land.
Das Publikum kann meinen Liedtexten nicht mehr folgen,
aber sie lachen. Sie lachen sich kaputt und haben große Freude an
diesem unglaublichen Lärm.

Ich lache auch. Und es macht mir überhaupt nichts aus,
als hinterher die Leute zu mir kommen und meinen:
„Die Vögel waren aber leider noch besser als Sie!"

Freitag, 10.07.,

Zugabe

Nach mehreren Open-Air-Auftritten muss ich sagen:
„Es geht mir gut." Ich erinnere mich:
Vor der Pandemie saßen da schon auch mal sehr satte
Kulturkonsumenten vor mir. Gelangweilte Gesichter,
die ins Theater mitgeschleppt wurden, weil man ein Abo hatte
oder weil im Kino grad nix Passendes lief und man nicht schon
wieder zum Italiener gehen wollte oder in eine Bar
und schon wieder zu viel Alkohol …
Und genau diese Leute saßen dann vor mir
und ich sah ihnen förmlich an, wie sie dachten:
„Ach wären wir doch besser wieder zum Italiener gegangen
oder in eine Bar oder am besten beides.
Hauptsache, viel Alkohol."
Seit Corona hat sich da eindeutig was geändert.

Ich spiele unter freiem Himmel und das Sonnenlicht bleibt bis zum
Ende der Show. Das heißt, ich kann jeden einzelnen Zuschauer
sehen. Bis auf ein paar ganz wenige Ausnahmen
sitzen da nur Leute, denen ins Gesicht geschrieben steht:
„Ich habe Bock! Ich will dich!
Gib alles! Mach mich fertig!"
Leider ist noch immer nur eine begrenzte Zuschauerzahl
zugelassen. Aber die wenigen machen einen Lärm
wie vor der Seuche nur ausverkaufte Fußballstadien.

Anfangs war das noch sehr befriedigend und ein angenehmer
Seelenstreichler, aber immer mehr wünsche ich mir,

dass doch mehr Leute kommen, mit der gleichen Begeisterung.
Denn immer öfter fragt mich meine Seele:
„Wie geht's eigentlich deinem Geldbeutel?"

Nicht selten kommen tatsächlich noch weniger Zuschauer
als die Vorschriften zulassen. Es kommt sogar vor,
dass reservierte Karten gar nicht erst abgeholt werden.
Die Kabarettgänger gehören eben größtenteils zur Risikogruppe
und die hat noch großen Respekt vor dem Virus.

Dabei werden die Hygienebestimmungen im Kulturbereich
viel genauer eingehalten als fast überall sonst.
In den Biergärten nimmt man die Sache schon etwas lockerer,
an den Badestränden an Seen und Flüssen liegen die Leute fast
aufeinander und im Supermarkt ist man inzwischen der
Überzeugung, man könne sich wieder problemlos
aneinanderreiben, so lange man nur Atemschutzmasken trägt.
Unterm Kinn.

Es scheint immer mehr Orte zu geben,
an denen die öffentliche Hand keine Lust mehr hat,
sich mit der Masse anzulegen.
Es ist nämlich bereits mehrmals zu kollektiven Wutausbrüchen
gekommen und die Schäden waren hinterher größer
als alles, was Corona anrichten könnte.

Bei kulturellen Veranstaltungen sieht das anders aus.
Die Kultur bietet scheinbar den letzten Raum,
in dem der Gesetzgeber noch uneingeschränkte Präsenz
zeigen will. Hier werden Mindestabstände mit dem Meterstab
nachgemessen und peinlichst genau darauf geachtet,
dass die Leute eine Atemschutzmaske tragen,
bis sie auf ihren Plätzen sitzen.

Vor der Veranstaltung geht jedes Mal ein Verantwortlicher auf die Bühne und erklärt den genauen Ablaufplan und Verhaltensregeln, an die man sich bitte dringend halten sollte, weil einem sonst das Amt den Laden zusperren wird.
Fehlt nur noch, dass man sich einen QR-Code auf sein Handy laden muss, um während der Show einen Zugang zur Toilette zu bekommen.

Ich bin überzeugt: Nirgends ist man derzeit sicherer als in einer Kulturveranstaltung.
Und es gab schon Leute, die mir gesagt haben,
dass genau darin der Grund läge, weshalb sie nicht kommen.
Denn nirgends wird man an Corona so sehr erinnert
wie bei der Kultur. Und man habe eben momentan einfach viel mehr Bock auf Orte, an denen Corona nicht mehr so sichtbar ist.
Das kann ich sogar verstehen.

Die Hygienevorschriften werden bei meinen Auftritten also streng eingehalten und daraus ergeben sich die absurdesten Situationen:
Vor wenigen Tagen habe ich in einem Biergarten gespielt,
in einem abgetrennten Bereich.
Der Biergarten hatte also zwei Abteilungen.
In der einen Abteilung lief der normale Gastronomiebetrieb und in der anderen Abteilung stand meine Bühne
und davor eine vorschriftsmäßige Bestuhlung.

Ich gehe auf die Bühne und habe die Gastronomie im Rücken und mein Kabarettpublikum vor mir.
Der Lärmpegel hinter mir ist leider so groß,
dass sich der Tontechniker genötigt sieht, mich lauter zu regeln, damit mich meine Zuschauer verstehen können.

Dadurch kommt es wiederum zu Verständigungsproblemen unter den Gästen hinter mir und folglich heben diese ihre Gesprächslautstärke an.

Der Techniker verzichtet darauf, meine Lautstärke weiter aufzudrehen, weil sich in den ersten Reihen bereits einige Zuschauer die Ohren zuhalten.
Allerdings bin ich nun für die hinteren Reihen nicht mehr so gut zu hören und ich beginne, über die Köpfe der ersten Reihen hinwegzubrüllen. Die Gäste im Gastronomiebereich bemerken das und passen ihre Lautstärke der meinen weiter an.

Das gefällt offenbar einigen Kleinkindern hinter mir sehr gut.
Sie finden Gefallen daran, den Gesamtlärm mit schrillen Kreischgeräuschen zu übertönen, und dabei rennen sie zwischen den Tischen herum und spielen Fangen.
Die ersten Kinder entdecken jetzt den feinen Kies auf dem Boden und stellen fest, dass der Kies ganz lustige Töne macht, wenn man ihn auf eine Bühne wirft und noch interessanter wird die Angelegenheit, wenn man den Rücken von dem schreienden Mann ins Visier nimmt, der da oben steht und sich so lustig verrenkt, wenn man ihn trifft.

Ich unterbreche jetzt meine Darbietung,
drehe mich um und rufe in Richtung Gastrobereich:
„Hallo! Könnte hier bitte mal jemand nach den Kindern schauen?! Ich werde gerade gesteinigt!"
Mein Kabarettpublikum lacht.
Alle anderen starren mich genervt an.
Ein Kind wirft mir einen etwas größeren Kieselstein an die Stirn.
Ich sage: „Aua!" und gehe zu Boden.

Sofort kommen drei Sanitäter zu mir auf die Bühne.
Ohne Sanitäter hätte, laut Gesundheitsamt, mein Auftritt nicht
stattfinden dürfen. Was für ein Glück!
Der erste Sanitäter richtet mich wieder auf, während die anderen
den vorgeschriebenen Mindestabstand einhalten.
Der erste Sanitäter tritt jetzt zur Seite und der zweite tritt an mich
heran, um die Blutung zu stoppen.
Dann tritt der zweite Sanitäter zu einer anderen Seite
und der Dritte kommt zu mir und legt mir einen Kopfverband an.

Zur gleichen Zeit beginnen einige ältere Besucher auf die Eltern
der Kinder zu schimpfen. Die üblichen Sprüche:
„Also zu unserer Zeit … das hätten wir mal …
links und rechts hätten wir eine gefangen …
aber wahrscheinlich sind wir ja alle Spießer …"

Eine Mutter erhebt sich schließlich von ihrem Platz,
geht zu den Kindern und sagt etwas gelangweilt:
„Schatzi, wie oft soll ich's dir noch sagen.
Setz bitte deine Atemschutzmaske auf."
Dann setzt sie sich wieder
und ich habe noch eine Stunde Programm vor mir.

Mittwoch, 12. Oktober 2022
(geschrieben am 13.07.2020)

Blick nach vorn

Wir sind gerettet!
Seit ein paar Tagen ist das Corona-Virus endgültig erledigt.
Aber bis dahin war es ein steiniger Weg.

Nachdem es im September 2020 auf der ganzen Welt
zu einer zweiten Infektionswelle kam,
war man mit den Impfungen stellenweise etwas zu voreilig
und es gab, vor allem in amerikanischen Staaten,
zahlreiche Opfer, die man aber inzwischen als Helden
und Märtyrer verehrt,
mit großen Gedenktafeln und Standbildern.
Zu erwähnen wären hier in den USA das Trump-Memorial.
In Rio de Janeiro hat man den „Zuckerhut" umbenannt
in „Bolsonaro-Bonbon".
Und in Mexiko soll es jetzt ein Bier geben,
das den Namen eines Corona-Impfopfers trägt:
„Speedy Gonzalez Muerte" oder so ähnlich.

Gott sei Dank leben wir in Deutschland.
Als die Universität Tübingen im Mai 2021
endlich einen wirksamen Impfstoff gegen die Pandemie gefunden
hatte, war hierzulande kaum noch jemand bereit,
sich das Präparat verabreichen zu lassen.
Die Infektionszahlen nach der zweiten Welle,
lagen weit hinter der restlichen Welt

und man hatte sich eher darauf konzentriert,
den Sommerurlaub zu buchen.

Schließlich hatten die Reiseveranstalter an allen Traumstränden
ganze Abschnitte absperren und einmauern lassen,
um sie nur für deutsche Touristen zugänglich zu machen.
Romantisch, sauber und sicher.
Wer braucht da noch eine Impfung?

Interessant wurde es erst, als sich herumgesprochen hatte,
dass der Impfstoff ein paar lustige Nebenwirkungen mit sich bringt.
Ungezügeltes Gekicher, Lachkrämpfe und Albernheit.
Wer geimpft wurde, ist immer gut gelaunt, macht sich keine
Sorgen, verträgt Unmengen an Alkohol und nimmt nur noch
Nachrichten ernst, wenn er darüber lachen kann.
Bundeskanzler Markus Söder macht vor jeder Ansprache ein paar
Furzgeräusche ins Mikrofon und kichert wie ein pubertierendes
Mädchen.
Andernfalls würde ihm niemand zuhören.

Die großen Gewinner der Corona-Krise heißen
Google, Facebook, Amazon und Apple.
Die vier Konzerne zahlen nach wie vor keine Steuern.
Darüber beschwert sich aber niemand mehr.
Im Gegenteil, die Bevölkerung ist bestens gelaunt
und zahlt brav seine Steuern, die übrigens massiv erhöht wurden
und zu 80 Prozent direkt an Google, Facebook, Amazon und Apple
gezahlt werden,
weil sie jetzt unverzichtbare Stützen des Staates sind.

Niemand begehrt dagegen auf, weil im Grunde jeder weiß:
Diese Firmen kann man nur bestrafen,
indem man sich aus der digitalen Welt zurückzieht,

wieder in Wäldern auf Baumhäusern lebt,
sich selbst mit Nahrung versorgt und Nachrichten
über Flaschenpost und Rauchzeichen versendet.
Ein paar Kommunen haben das tatsächlich versucht
und wurden prompt von Google umbenannt zu
„geschlossenen Anstalten für geistig Erkrankte".
Diese Anstalten wurden längst bestückt mit sog. Life-Coaches.

Ansonsten sind die Menschen nicht mehr ganz so wohlhabend wie
früher, aber man kommt gut damit klar und bleibt locker.
Kabarett und Comedy, als Live-Event mit Publikum,
gibt es nicht mehr. Denn schließlich sind jetzt alle witzig.
Witze mit kritischen Inhalten werden vermieden,
weil sie zu viel Konzentration erfordern,
um sie erfolgreich im Internet, auf „Tiktok" und anderen
Spaßportalen platzieren zu können.
Geld lässt sich damit nicht verdienen.
Weil es kein Geld mehr gibt. Nur noch „Likes".

Mit „Likes" geht man einkaufen und fährt zum Tanken.
D. h. neben den Zapfsäulen sitzen oft Leute in ihren Fahrzeugen
und sprechen noch schnell ein paar Witze in ihr Smartphone
oder schneiden alberne Grimassen,
denn unter 500 „Likes" wird der Tank nicht voll.
Der ganze Alltag ist nur noch seichtes Entertainment.
Leicht verdaulich und simpel zu meistern.

Deshalb musste ich mich auch beruflich verändern.
Die neue Aufgabe war schnell gefunden.
Ich gehe dafür sogar wieder auf die Bühne.
Ganz analog, mit echtem Publikum. Meine neue Mission lautet:
Die Meute mal wieder richtig schön langweilen
und zum Heulen bringen. Ich nenne es aber anders.

Ich nenne es: „Achtsames Deprimieren in betroffener Runde."
Die Leute lieben das. Viele wollen endlich mal runterkommen
von ihrem Gaudi-Stress. Richtig abschalten.
Den Alltag vergessen und mal wieder herzhaft abheulen.

Meine Vorstellungen sind ausverkauft bis November 2036.
Mit anderen Worten: bis zum Eintritt in mein Rentenalter.
Außerdem habe ich einen lukrativen Sponsorenvertrag
mit einem Global Player in Sachen Taschentücher.
Auf jeder Verpackung erstrahlt mein Konterfei und darunter steht:
„Weinen, bis der Arzt kommt."
Ich mache spannende neue Erfahrungen.
Durch die Langeweile lassen sich tatsächlich auch wieder
kritische Inhalte vermitteln.

Es entwickelt sich eine äußerst interessante Gegenkultur zu den
„Likes" und Albernheiten.
Die Sitzplätze für meine Auftritte habe ich streng limitiert,
damit sich jeder Zuschauer als „Auserwählter" fühlen kann.
Dafür werde ich reich entlohnt.
Die Leute bezahlen allerdings mit Naturalien.
Man überhäuft mich mit gesundem Zeug aus der Region und fair
gehandelter Leinenunterwäsche und Jute-Wintermänteln.
Darüber machen meine Kinder und meine Frau flache Späße im
Internet und ernten dabei viele „Likes",
mit denen wir unser Haus abbezahlen und zum Tanken fahren.

Und ich ernte auch wieder Bewunderung:
„Herr Altinger, wie machen Sie das nur?
Da müssen Sie sicher zu Hause viel üben, nicht wahr?"
Ich kichere dann saublöd und gebe den Leuten recht,
um mich keinesfalls verdächtig zu machen.

Die Wahrheit lautet: ich habe mich nicht impfen lassen.
Nachdem sich die lustigen Nebenwirkungen bei den ersten
Probanden bemerkbar gemacht hatten und Berichte darüber
veröffentlicht wurden, habe ich beschlossen,
mir meinen Humor keinesfalls verderben zu lassen.
Und wo jetzt eh alle immun sind gegen Covid 19,
da fällt doch eine einzige Ausnahme wirklich nicht ins Gewicht.

Grundsätzlich halte ich Impfungen für richtig.
Impfungen gegen Masern, Polio, Malaria …
machen Sinn und tun den meisten Menschen gut.
Aber wenn es um meinen Humor geht,
da hört sich der Spaß auf.

Dank

Vielen Dank an alle, die mir ihre Corona-Geschichten erzählt haben, zu meinen Geschichten Anmerkungen gemacht und mir Ideen und Kritik gegeben haben.

Mein besonderer Dank geht dabei an:
Thomas Lienenlüke und Chris Preute

Fotos fürs Buchcover:
Markus Beham und Christian Heim.